Negociação de Alto Impacto com Técnicas de Neuromarketing

NEWTON RODRIGUES-LIMA, Ph.D.

Negociação de Alto Impacto com Técnicas de Neuromarketing

Neurociação

Editor: Sergio Martins de Oliveira
Diretora: Rosa Maria Oliveira de Queiroz
Gerente de Produção Editorial: Marina dos Anjos Martins de Oliveira
Revisão: Maria Helena A. M. Oliveira
Editoração Eletrônica: Abreu's System
Capa: Caró Lago

Técnica e muita atenção foram empregadas na produção deste livro. Porém, erros de digitação e/ou impressão podem ocorrer. Qualquer dúvida, inclusive de conceito, solicitamos enviar mensagem para **editorial@brasport.com.br**, para que nossa equipe, juntamente com o autor, possa esclarecer. A Brasport e o(s) autor(es) não assumem qualquer responsabilidade por eventuais danos ou perdas a pessoas ou bens, originados do uso deste livro.

R696n	Rodrigues-Lima, Newton
	Negociação de alto impacto com técnicas de neuromarketing: neurociação / Newton Rodrigues-Lima – Rio de Janeiro: Brasport, 2017.
	ISBN: 978-85-7452-857-1
	1. Negociação 2. Neuromarketing I. Título.
	CDD: 158

Ficha Catalográfica elaborada por bibliotecário – CRB7 6355

BRASPORT Livros e Multimídia Ltda.
Rua Pardal Mallet, 23 – Tijuca
20270-280 Rio de Janeiro-RJ
Tels. Fax: (21)2568.1415/2568.1507
e-mails: marketing@brasport.com.br
         vendas@brasport.com.br
         editorial@brasport.com.br
www.brasport.com.br

Filial SP
Av. Paulista, 807 – conj. 915
São Paulo-SP

Para Marise, mulher da minha vida, com muito amor e gratidão.

"Nos negócios, como na vida, você não obtém o que merece, mas o que negocia"

Chester Karrass

Agradecimentos

Aos meus pais, Cláudia Lúcia e Marcos, que sempre me incentivaram a me desenvolver e a me empenhar para ser uma pessoa melhor.

À Marise, minha amada esposa, sempre presente na minha vida e que, com seu amor, compreensão, entusiasmo e força, muito me encorajou e apoiou para superar mais este desafio, meu eterno agradecimento.

Aos meus filhos Maria Fernanda, Marcelo e Stefanie, e meus netos Antonia, Henrique Newton, Teresa e Helena por existirem. Seu amor, carinho e estímulo são, e sempre foram, fontes de inspiração e propulsores da minha vida.

Sou muito grato ao amigo e professor Sandro Carlos Pereira, por seu apoio, incentivo e preciosas contribuições para a elaboração deste projeto.

À professora Dra. Ph.D. Sandra Regina da Luz Inácio, minha orientadora, um agradecimento especial pelos valiosos ensinamentos e pela firme orientação para a elaboração da minha dissertação do doutorado, que foi a base para este trabalho.

Agradeço à jornalista Verônica Cobas, por seu grande apoio e colaboração nas revisões do texto. Sua competência editorial, coerência e sugestões enriqueceram e tornaram este livro mais leve.

Prefácio

Na leitura da obra percebemos a razão do convite para uma advogada prefaciar, já que no exercício da advocacia estamos constantemente negociando em sentido lato. Mas esta obra transpassa as fronteiras do direito, ramo por si só interdisciplinar, e se aplica a todos os ambientes de negócio. O processo de negociação normalmente é associado a trocas empresariais, mas nos esquecemos que qualquer interação humana, das mais comezinhas, é uma forma de negociação.

A negociação permeia qualquer relação, é inerente à interpessoalidade. Decidir entre almoçar em casa ou em um restaurante passa necessariamente por uma série de argumentos positivos e negativos em face de cada uma das opções e, eventualmente, pela conciliação de interesses das partes envolvidas (casal, mãe e/ou pai e filhos etc.).

Além da vida pessoal, a negociação é uma constante em nossa vida profissional: prospecção e manutenção de clientes, contratação de bons colaboradores, resolução de conflitos com contrapartes, em "merger and acquisitions", que desde seu "kick-off" enseja toda espécie de negociações. A experiência adquirida com falhas e sucessos nos permite lidar com tranquilidade e de forma diversa com cada uma dessas situações. Não tivemos em nossa educação formal, entretanto, preparo para lidar com esse cenário – pelo contrário: prefere-se, muitas vezes, privilegiar formação pautada na litigiosidade, na resistência contraposta.

Costuma-se ver a negociação como uma habilidade inata, o que se pode aceitar, desde que não se ignore a possibilidade dessa habilidade, por que não dizer técnica, ser também desenvolvida e dominada. Essa visão desenvolveu-se na Escola de Harvard de Negociação e, percebe-se, marcadamente influencia o autor. A apresentação analítica dos problemas e fatores, observados pelo autor, potencializa o impacto da obra sobre os mais experientes e sobre os inexperientes, inclusive aqueles que nunca tiveram oportunidade de negociar em sua vida profissional, dada sua linguagem objetiva e ilustrativa.

A leitura da obra de Newton Rodrigues-Lima é muito fluida, com constante preocupação em apresentar conceitos e ideias de forma simples, sem se descurar da tecnicidade. A apresentação de exemplos práticos para ilustrar os conceitos facilita muito a compreensão do conteúdo. Chama atenção o modo sintético com que aponta os principais fatores que devem ser considerados pelos negociadores, como se preparar adequadamente, sua postura para realizar uma boa negociação, considerando-se objetivos mediatos e imediatos.

Ponto central de sua tese, o autor apresenta uma metodologia que chamou de SMARTDRIVE. Tal método tem o mérito de alinhar o que melhor se tem na administração e gestão de empresas, o que se conhece por ciclo PDCA (*Plan – Do – Check – Act*), acrescentado do aspecto influência, aplicado às negociações.

"Negociação de Alto Impacto com Técnicas de Neuromarketing: *neurociação*" é fruto da harmonização sinérgica e equilibrada entre prática e teoria, já que o autor teve a oportunidade de testá-la em inúmeros treinamentos e negociações reais. Nesta obra, apresenta-se de forma organizada e metodologicamente acertada técnica de negociação, baseada na neurociência e no neuromarketing.

Nesse contexto, só nos cabe reforçar a importância desta obra que agora vem a lume, como instrumental para toda espécie de público que está, aqui me incluo, constantemente negociando, seja para permitir o desenvolvimento e a aplicação das técnicas apresentadas, seja para reconhecer quando tais técnicas estão sendo usadas por nossos parceiros e contrapartes, permitindo que alcancemos melhores resultados sob uma perspectiva individual e global.

Karem Jureidini Dias
Doutora e Mestre em Direito
Advogada e Professora
Sócia na RIVITT e DIAS ADVOGADOS

Prefácio

Nas últimas décadas, tem sido significativo o avanço do conhecimento na área de negociação, principalmente pela contribuição da Harvard Law School através do PON (*Program on Negotiation*). O livro "Como Chegar ao Sim" foi um marco no conhecimento estruturado do assunto, mudando a forma como os negociadores gerenciam conflitos e buscam soluções que atendam aos interesses de ambas as partes. Com uma metodologia simples e ao mesmo tempo eficaz, os autores William Ury, Roger Fisher e Bruce Patton conquistaram espaço nessa área e se tornaram referência mundial. Nos anos seguintes, Harvard produziu estudos nas áreas de processo decisório, gestão das emoções, linguagem corporal, conflitos complexos, conversas difíceis, mediação, arbitragem e negociações 3D. Muitos livros foram escritos, estudos publicados e pesquisas realizadas.

Estive em Harvard com o Prof. Newton Rodrigues-Lima durante um curso chamado "Negotiation & Leadership", onde pudemos entender melhor a metodologia do PON, conhecer pessoalmente os renomados professores e consolidar nosso conhecimento. Ambos somos professores da FGV na área de negociação e, por isso, trocamos conhecimento e experiências no assunto. Na época, não tinha ideia que anos mais tarde o Prof. Newton publicaria uma obra-prima corajosa, inovadora, desbravando um tema pouco falado até mesmo pelos mestres de Harvard, a neurociência aplicada à negociação.

Este valioso livro se propõe a responder algumas perguntas inteligentes, perguntas estas que mudam a nossa forma de agir e pensar. Como funciona nosso processo decisório durante uma negociação? Como os negociadores percebem preço? Nós nos guiamos por prazer ou pela dor? Somos coerentes com os outros e com nós mesmos? Como podemos influenciar e persuadir a outra parte? Como nossa mente funciona diante de um conflito?

Enquanto a maioria dos livros de negociação se preocupa em equipar os negociadores com técnicas racionais para ganhar espaço na negociação, o livro "Negociação de Alto Impacto com Técnicas de Neuromarketing: *neuro*ciação" vai além e disponibiliza conhecimento da neurociência para melhor gerenciar as emoções presentes no processo da negociação. Trata-se de um salto quântico no conhecimento dessa área e um avanço significativo para atingir resultados superiores. Este livro é leitura obrigatória para aqueles que buscam se aprofundar nesse fascinante mundo da negociação. De forma clara e objetiva, o autor leva o leitor a passear por vasta bibliografia antes de realizar um mergulho profundo na mente humana. As *neurotáticas* são o coração deste livro, apresentando maneiras de conquistar sucesso na mesa de negociação. Um guia prático que pode ser utilizado por qualquer pessoa, seja um negociador amador ou profissional.

O livro poderia terminar com as *neurotáticas*, mas o autor, com sua generosidade acadêmica, nos brinda com um final inesperado.

Se ficou curioso, sugiro que se sente em uma confortável poltrona, aproveite as próximas páginas e prepare a sua mente. Porque a primeira negociação começa dentro da sua mente. E a mente, como o próprio nome diz, MENTE. Isso mesmo! Nossa mente mentirosa nos prega peças e nos impede de ler livros que nos desenvolvam em novas áreas do conhecimento. Mas não deixe que ela o engane hoje. Negocie com você mesmo, desbrave a neurociência aplicada à negociação e siga em frente na leitura das próximas páginas.

Desejo uma excelente leitura e sucesso nas futuras *neurociações*.

Glauco Cavalcanti, Ph.D.
Doutor e Mestre em Gestão Empresarial
Administrador de Empresas e Professor
Sócio Fundador da GC-5 Soluções Corporativas

Apresentação

Ao longo da minha carreira, conforme fui alcançando posições executivas, pude constatar que o conhecimento técnico foi abrindo espaço para habilidades interpessoais, como liderança, comunicação, assertividade, delegação etc., dentre as quais a habilidade de negociar se destaca. Isso aconteceu no início da década de 90.

Para isso, senti logo que precisava me capacitar nas técnicas de negociação, pois, para conseguir melhores resultados, teria que conhecê-las e saber em que momento as aplicar.

Ao longo de mais de dez anos, li e estudei dezenas de livros, escritos por renomados autores, pesquisadores, professores e negociadores, assisti seminários e cursos, me tornei um observador atento de todos os tipos de negociação, seja em disputas nos ambientes empresarial, comercial, político, esportivo, legal, internacional, pessoal, seja até mesmo em questões familiares.

Com todo esse esforço, confesso que não me senti satisfeito, pois eu precisava de um roteiro mais eficiente, que organizasse melhor as técnicas de maneira que se reforçassem e complementassem ao longo do processo. Essa foi a centelha que disparou em mim a vontade de examinar tudo o que tinha aprendido e selecionar aquelas técnicas que considerava mais eficazes.

Em 2012, decidi então escrever essa primeira metodologia, que chamei de SMARTDEAL. Para desenvolvê-la, contei com a colaboração do amigo e professor Sandro Pereira, que adicionou, sobretudo, conteúdo e práticas oriundas do seu profundo conhecimento sobre o cérebro humano e as competências interpessoais. Agradeço muito ao Sandro por toda a sua contribuição.

Desde então, venho aplicando essa metodologia na minha vida pessoal e profissional e também ensinando e testando sua efetividade em treinamentos corporativos e em cursos de MBA.

Em 2013, ao iniciar o meu doutorado, precisei inovar e trazer para a metodologia algo novo, inédito, e que mantivesse o nível de eficácia das técnicas já existentes, que havia escolhido com tanto carinho e cuidado.

Nessa época, um executivo de criação e inovação, Leonardo Martinez, me apresentou à neurociência e ao neuromarketing, temas que entraram com força total na minha vida. Desde que tomei conhecimento das descobertas dessas áreas do conhecimento, tenho mergulhado nos estudos e continuo impressionado com sua efetividade. Agradeço ao Leonardo por ter aberto as portas desse mundo novo para mim.

Desses estudos, surgiram as *neurotáticas*, que apresento neste trabalho.

Continuei os experimentos, durante os meus estudos, para escrever a dissertação do doutorado. O desafio foi confirmar a hipótese de que essas descobertas eram realmente eficazes quando aplicadas à metodologia de negociação – e os resultados foram muito positivos.

Neste livro, começo com a apresentação de uma seleção de técnicas de negociação, que fazem parte do conhecimento existente nos dias de hoje, as quais considero realmente eficazes.

Em seguida, abordo – de maneira breve – tópicos relacionados à competência interpessoal do negociador, fator-chave para o êxito na negociação, e descrevo um modelo de estilos de relacionamento que considero simples, fácil e prático.

O assunto seguinte é a neurociência e o neuromarketing. Cito conceitos, modelos e descobertas que irão facilitar o entendimento das *neurotáticas*.

A seguir, descrevo as *neurotáticas*, que consistem na transformação das mais recentes descobertas da neurociência e do neuromarketing, bem como de outros estudos da mente humana, em táticas avançadas de negociação. Estas foram profundamente estudadas por mim ao longo da minha dissertação de doutorado, nos EUA.

Consolido e organizo todas as técnicas e táticas – atuais e novas – na metodologia SMARTDRIVE, mostrando um passo a passo que pode ser facilmente utilizado como um *checklist* por qualquer negociador que pretenda contar com um processo organizado para se preparar e buscar melhores resultados.

Concluo com resultados obtidos em experimentos e que confirmam a efetividade da metodologia e das técnicas e táticas que escolhi, as atuais, já conhecidas, e as *neurotáticas*.

Finalmente, vale mencionar que criei um novo termo, ***Neurociação***, cujo significado é a aplicação de um novo conjunto de técnicas de negociação, composto daquelas que considero as mais eficazes com as *neurotáticas*.

Espero e torço para que você goste e, sobretudo, que aplique no seu dia a dia para obter melhores resultados em suas negociações, mantendo estáveis seus relacionamentos.

Boa leitura.

Sobre o Autor

Newton Rodrigues-Lima, Ph.D.
É sócio fundador e CEO da Blueway Consultoria, que desde 2005 desenvolve projetos de consultoria nas áreas de estratégia, marketing, vendas, gestão corporativa, gestão de pessoas e educação corporativa.

Possui mais de 30 anos de experiência como executivo de organizações nacionais e multinacionais.

Atua desde 1995 como consultor de empresas no país e no exterior, nas áreas de marketing, vendas, estratégia, operações e RH. Desenvolveu projetos em conjunto com a McKinsey & Company, Bain & Company e Kapos Associates. É também consultor associado e representante no Brasil da Complex Adaptive Leadership (CAL) Global Team International, grupo sediado na Inglaterra.

Conta com grande prática no desenho, na coordenação e na aplicação de programas de treinamento para organizações e apresentação de palestras (Brasil e exterior).

É palestrante e Professor da Fundação Getúlio Vargas há mais de 20 anos, em cursos de MBA, tendo sido várias vezes o professor homenageado e tendo recebido diversos prêmios. É professor convidado para cursos na PUC-Rio e FCU.

É Pós-Doutor e Ph.D. em Business Administration pela Florida Christian University (FCU), EUA. É *Master of Science* em *Operations Engineering* pela Naval Postgraduate School (NPS), Califórnia, EUA (similar ao ITA, no Brasil), com especialização em Simulações e Jogos de Decisão. É pós-graduado em Gestão Avançada de Serviços pelo IBMEC. É pós-graduado em Telecomunicações pelo CIAW-MB e Pós-graduado em Planejamento e Gestão pela EGN-MB, do Rio de Janeiro. É Engenheiro Mecânico e Bacharel em Ciências Navais.

É especialista em Negociação pela Harvard Law School, de Massachussetts, EUA. É especialista em Liderança Situacional pela Ken Blanchard Companies. É Master em Neurolinguística pelo INAp.

Possui experiência internacional, tendo realizado viagens a trabalho a 33 países das Américas, Europa e África; e residido por três anos na Califórnia, EUA.

Sumário

Introdução 1

1. O que diz a sabedoria convencional 5
   1.1. Definindo negociação 9
   1.2. Como abordar aquele(a) com quem negociamos 9
   1.3. As melhores técnicas para os melhores resultados 14
      1.3.1. Desassocie as pessoas dos problemas 16
      1.3.2. Foque nos interesses e não nas posições 18
      1.3.3. Crie opções satisfatórias para você e para o outro 22
      1.3.4. Empenhe-se em usar critérios imparciais 24
      1.3.5. Desenvolva a sua MACNA (Melhor Alternativa em Caso de Não Acordo) 25
      1.3.6. Identifique e priorize moedas de troca 28
      1.3.7. Estabeleça o campo da negociação 31
      1.3.8. A trilogia poder, informação e tempo 36

2. Um breve passeio pela competência interpessoal: fator decisivo nas negociações 49
   2.1. Valorize as habilidades de comunicação, sobretudo saber escutar 53
   2.2. Seja assertivo ao falar 54
   2.3. Estabeleça *rapport* e desenvolva a autoconsciência 57
   2.4. Utilize múltiplas perspectivas 58
   2.5. Saiba lidar com as emoções do outro e mantenha o autocontrole emocional 58
   2.6. Aceite e saiba lidar com diferenças 59
   2.7. Mantenha-se flexível 59
   2.8. Estilos sociais de relacionamento interpessoal 60
      2.8.1. Como decifrar o outro 70
   2.9. Metaprogramas ou programas internos do cérebro 71

3. A neurociência e o neuromarketing: as novas ferramentas do conhecimento humano 75

3.1. O inconsciente, o instinto e suas implicações sobre o comportamento humano 81

    3.1.1. As três partes do cérebro e seus personagens: um resumo facilitador 83

    3.1.2. Falando sobre neuromarketing 86

3.2. As *neurotáticas*: técnicas da neurociência e neuromarketing aplicadas à negociação 90

    3.2.1. *Neurotática* 1: as forças gêmeas da dor e do prazer 90

    3.2.2. *Neurotática* 2: razões emocionais 92

    3.2.3. *Neurotática* 3: princípio da relatividade entre as coisas 94

    3.2.4. *Neurotática* 4: princípio da relatividade aplicado a preço 95

    3.2.5. *Neurotática* 5: o poder das imagens 96

    3.2.6. *Neurotática* 6: menos é mais – mantenha tudo simples 98

    3.2.7. *Neurotática* 7: a adição de um chamariz ("The Decoy Effect") .. 99

    3.2.8. *Neurotática* 8: menor dor, maior venda 101

    3.2.9. *Neurotática* 9: o fator porque ("The Because Frame") 102

    3.2.10. *Neurotática* 10: o receio da escassez 103

    3.2.11. *Neurotática* 11: o efeito bumerangue da reciprocidade 106

    3.2.12. *Neurotática* 12: confirmação social – em sintonia com o que acontece ao redor 108

    3.2.13. *Neurotática* 13: aos especialistas, tudo 108

    3.2.14. *Neurotática* 14: congruência e consistência 109

    3.2.15. *Neurotática* 15: a atração dos iguais 110

    3.2.16. *Neurotática* 16: a sedução das metáforas 111

    3.2.17. *Neurotática* 17: provocando a curiosidade 111

4. A nova metodologia SMARTDRIVE de negociação 113

4.1. Técnicas, boas práticas, competência interpessoal e conhecimento 116

    4.1.1. Resumo das oito técnicas-chave 116

4.2. Fases e etapas da metodologia SMARTDRIVE 119

5. Resultados reais: a eficácia SMARTDRIVE 129

Conclusões 133

Referências bibliográficas 137

Introdução

Ganhar ou perder são acontecimentos que nos acompanham por toda a vida. Contudo, nem sempre resultam de um embate com alguém e do qual saímos como vencedores ou perdedores. Quando pensamos assim, invariavelmente mantemos a guarda alta, imaginando que alguém está querendo aquilo que já tem dono: o emprego, o cargo, a posição social, o dinheiro, a vaga no estacionamento, o lugar na fila, o cônjuge, o cliente, o lucro, a moradia. Novamente, quando pensamos assim, a vida parece uma constante batalha.

Ao contrário da ideia de uma sequência de lutas, proponho que você pense na vida como uma grande jornada, com diferentes trechos e onde, em cada um, existem objetivos a serem alcançados. Só que, nessa trajetória, ora se compete, ora é importante cooperar. A vida não é uma batalha constante e negociar cada um dos desafios a serem enfrentados é uma das mais importantes experiências para nossa felicidade e sucesso.

William Ury, professor da Harvard Law School, diz que "tudo é negociação" [13]. Para algumas pessoas, negociar parece ser natural. Para outros, é uma tarefa muito difícil. Pensar que terão que argumentar e barganhar com outra pessoa por algo já as faz ter vontade de desistir. Dou voz aqui a Chester Karrass, um dos mais renomados autores e consultores sobre negociação nos Estados Unidos, que incentiva todos a terem coragem para enfrentar o desafio. Como ele afirma, "nunca tenha medo de negociar. Resista à vontade de desistir por medo ou por não querer se expor" [20].

Quando falamos de vendedores, a própria escolha por atuar na atividade comercial já denota certa predisposição a negociar ou, pelo menos, uma maior vontade de desenvolver essa habilidade. E negociações comerciais tratam da aplicação das técnicas de negociação em atividades de vendas e no relacionamento com clientes. Seu propósito também é o de conseguir da outra parte aquilo que se quer – nesse caso, o objetivo é um acordo comercial ou, simplesmente, o fechamento de um negócio.

Mas, para obter sucesso, e não importa qual seja a motivação da negociação, alguém sempre precisa persuadir outro alguém a tomar a decisão que lhe seja mais favorável e isso é feito através de um processo organizado e de diálogo. O processo de tomada de decisão em uma negociação – lembra do que propus, de olhar a vida como uma jornada com diferentes objetivos? – envolve inúmeros aspectos, mas, dentre eles, a avaliação das opções de que dispomos é um aspecto especialmente relevante. É da natureza humana comparar o valor percebido de cada opção para decidir.

A decisão é influenciada também pela qualidade da interação entre você e a outra parte e fortemente afetada pelos traços pessoais dos negociadores, como honestidade, firmeza, assertividade, credibilidade, confiança, simpatia, amabilidade, flexibilidade, facilidade de comunicação, criatividade, persistência, paciência, capacidade de persuasão, entre outros, além da capacidade de empatia entre as partes. A habilidade de se conectar, estabelecer um clima de confiança e harmonia com a outra pessoa e saber lidar com emoções próprias e as do outro é o que aqui será chamado de "competência interpessoal".

Este livro foi desenvolvido tendo a negociação entre duas ou mais partes como tema, desde a sua preparação até o controle e o acompanhamento da execução do que foi combinado, passando também por todas as etapas que a constituem antes do fechamento do acordo.

Em todo o mundo, vários estudos já abordaram os processos das negociações, sobretudo aquelas com propósito comercial, e geraram uma grande quantidade de conceitos, técnicas e roteiros. Essas pesquisas são divulgadas e ensinadas em escolas de negócios e em treinamentos corporativos. Exatamente por estarem disponíveis e serem bastante conhecidas, acredita-se que sua efetividade já esteja perdendo a força.

A busca por melhores resultados pessoais e profissionais faz com que pessoas e empresas se tornem mais competitivas e exijam maior qualificação e resultados de si mesmas ou de suas equipes comerciais. Profissionais em geral, sobretudo aqueles que atuam na atividade comercial, necessitam de uma metodologia e de técnicas reais, resultantes de aplicações testadas com sucesso relevante, que lhes permitam negociar de forma mais eficaz e obter melhores resultados.

O avanço da neurociência social e do neuromarketing abriu uma nova perspectiva para a compreensão do funcionamento do cérebro humano e sobre como ocorre a tomada de decisão. Esses conhecimentos estabelecem novas possibilidades para as negociações, baseadas em como nosso cérebro reage aos estímulos e desafios.

Neste livro, identifiquei, testei – em treinamentos e negociações reais – e selecionei oito técnicas-chave. Sete delas, práticas e eficazes, baseadas em estudos consagrados, para compor o processo de negociação. A oitava técnica-chave, a *Neurotática*, pilar de minha dissertação de doutorado, reúne descobertas, além de ferramentas e técnicas que desenvolvi, baseadas na neurociência e no neuromarketing e no funcionamento da mente humana para a tomada de decisões. Todas as técnicas foram organizadas em uma metodologia que propõe a aplicação do ciclo PDCA no processo de negociação.

Após realizar ampla pesquisa com meus alunos de MBA, bem como com profissionais e executivos durante inúmeros treinamentos corporativos que conduzi, e em negociações reais voltadas para o fechamento de negócios, me sinto confortável para afirmar que as técnicas oriundas das descobertas da neurociência e do neuromarketing, quando incorporadas a uma metodologia de negociação bem organizada, contribuem muito para melhorar os resultados obtidos por negociadores e o fechamento de acordos.

É disso que vamos falar!

1. O que diz a sabedoria convencional

Como afirmou Roger Fisher, um dos professores que desenvolveram o Projeto de Negociação da Harvard Law School, "todo mundo negocia algo a cada dia" [13]. Isso é fato tanto no âmbito profissional (vendedores, compradores, políticos, diplomatas, executivos, empresários e aqueles que trabalham para eles) como no contexto pessoal (cônjuges, amigos, familiares, pais e filhos).

A afirmação de Chester Karrass de que "nos negócios e na vida, você não obtém o que merece, mas o que negocia" [20] amplia a importância e a abrangência da negociação como habilidade essencial para que alcancemos o sucesso e a felicidade, atributos necessários para uma vida plena. Segundo Karrass, diferenças representam áreas legítimas de possíveis conflitos, que podem ser administrados se as partes decidirem alinhar seus interesses e necessidades.

Para superar as várias situações do dia a dia nas quais são expressas opiniões, crenças ou percepções diferentes nós precisamos negociar. Negociar constitui a perspectiva de obter benefício maior do que aquilo que possuímos, e/ou de reduzir ou evitar uma perda, uma "dor" ou punição.

Esse cenário também foi reforçado pelos professores Roger Fisher e William Ury quando afirmam que "conflitos são uma indústria em crescimento" [13]. Efetivamente, há uma quantidade crescente de situações nas quais as negociações se fazem necessárias.

Confira alguns motivos que podem gerar situações de conflito:

a) As diferenças – sejam culturais, de gerações, regionais, de crenças religiosas, de ideologia, de gênero, de partido político, de times etc. – são razões para que as pessoas desenvolvam prioridades, significados e valores diferentes, o que aumenta as chances de discordância.

b) Líderes e gestores precisam saber negociar para conduzir e gerenciar bem suas equipes. É a habilidade de influenciar seus liderados e de se articular com seus pares, em suas organizações, que possibilitará que eles cumpram sua missão e atinjam os objetivos de suas áreas.

c) A forma de agir – atitude – vem sendo cada vez mais valorizada como um traço pessoal relevante pelas organizações. Isso nos estimula a nos posicionarmos com mais firmeza na defesa de nossas opiniões e a participarmos das decisões que, de uma forma ou de outra, afetam nossas vidas. Esses posicionamentos mais contundentes tendem também a gerar discordâncias e conflitos.

d) A evolução requer mudança. Problemas existem e estão presentes durante toda a vida de qualquer pessoa, mas a solução implica em transformações. No entanto, é da natureza humana o desconforto com a mudança. As pessoas, em geral, não gostam de mudar, preferindo manter o *status quo* da vida e das situações experimentadas. Cada vez que a solução para um determinado problema é idealizada e adotada, há resistência à implementação por parte dos envolvidos ou influenciados e, consequentemente, a negociação é necessária para que a mudança seja implementada com êxito.

e) A negociação é uma habilidade essencial para que vendedores, representantes, corretores e consultores comerciais persigam suas metas e alcancem resultados de vendas. Como afirmou Arthur H. "Red" Motley, famoso publicitário, executivo, que foi presidente da Câmara de Comércio americana, de uma forma mais ampla, "nada acontece até que uma venda seja realizada" [26].

1.1. Definindo negociação

O homem negocia desde as mais remotas civilizações. Também por isso há muitas definições para esse tema. De acordo com Roger Fisher, Bruce Patton e William Ury, "a negociação é um meio básico de conseguir o que se quer de outrem. É uma comunicação bidirecional concebida para chegar a um acordo, quando você e o outro lado têm alguns interesses em comum e outros opostos" [13]. Nessa definição, os autores reforçam que a comunicação está presente em todas as negociações e que é uma habilidade essencial aos negociadores para que cheguem a um acordo.

David Berlew, do Programa "Poder e Influência Positiva" (programa de desenvolvimento de habilidades de influência, oferecido pela empresa americana Situation Management Systems Inc.), conceitua negociação como "um processo em que duas ou mais partes, com interesses comuns e antagônicos, se reúnem para confrontar e discutir propostas explícitas, com o objetivo de alcançar um acordo" [2].

Nesta última conceituação, fica evidente que a negociação é um processo, que acontece ao longo do tempo, com início, meio e fim. Para que alcancem o seu objetivo, que é chegar a um acordo comum, os negociadores precisam reconhecer que, ao negociar, criam a possibilidade de obter, no futuro, um resultado melhor do que se não houver negociação.

O processo, pois, tem início em uma situação de divergência de percepções e vontades e evolui na busca do alinhamento de interesses e de um trato. O termo "partes" refere-se a indivíduos ou a grupos que possuam liberdade para tomar decisões e para fazer concessões, visando realizar acordos.

1.2. Como abordar aquele(a) com quem negociamos

Há duas possíveis abordagens a serem escolhidas, dependendo do resultado que o negociador queira alcançar: a **competitiva** (também chamada de distributiva, ganha-perde, soma-zero, divisão da pizza ou baseada em posições), e a **colaborativa** (igualmente chamada de integrativa, ganha-ganha, não soma-zero ou ampliação da pizza, baseada em interesses). O quadro a seguir resume as características de cada uma delas.

DIFERENÇAS ENTRE AS ABORDAGENS COMPETITIVA E COLABORATIVA

ABORDAGEM COMPETITIVA	ASPECTO	ABORDAGEM COLABORATIVA
Adversários	Negociadores são:	Solucionadores de problemas
Vitória	Objetivo	Acordo sensato entre as partes
Exigências, termos e condições	Foco	Interesses (motivações, desejos, preocupações, aspirações)
Exige concessões como pré-requisitos para o relacionamento e como condições para o acordo. Usa truques e decepções para obter concessões do outro lado	Trocas	Faz concessões para cultivar o relacionamento e chegar a um acordo.
Faz ameaças	Propostas	Faz ofertas
Substância	Base	Relação entre as partes
Fixo	Resultado	Crescente
Muita. Exerce pressão	Energia	Pouca
Grande: pode gerar atitudes irracionais	Desgaste	Pequeno: ambas as partes cedem

Fonte: Adaptado de FISHER et al, 2014, p. 31.

A escolha entre as duas formas de abordagem por quem negocia depende do cenário da negociação, do processo em curso, das partes envolvidas e dos resultados desejados [23].

Para resultados do tipo ganha-ganha, em que ambas as partes saem da mesa de negociação (ou de outro cenário, como uma relação familiar) satisfeitas, a abordagem mais indicada é a colaborativa. Nela, as duas partes buscam uma solução que lhes atenda e na qual o conflito ou a dificuldade pareça ter sido minimizada ou extinguida. As partes se empenham em usar suas habilidades e criatividade para fazer "crescer o bolo" de forma que ambas, ao final, obtenham o que desejam e fiquem satisfeitas. Nesse caso, costuma-se afirmar que as partes "criam valor" [23].

Já para aquelas situações em que o resultado mais comum é que uma parte ganhe e a outra perca, ou até mesmo situações em que ambas percam, a abordagem aconselhada é a competitiva. Nessas circunstâncias, os negociadores percebem o "bolo" como tendo tamanho fixo e partem para a divisão dos recursos entre as partes (também chamada de "barganha de posições"), geralmente buscando obter a maior "fatia" possível do "bolo existente". Nesta, o ganho de uma parte significa que a outra irá perder. Ambas disputam os mesmos recursos entre si e que, muitas vezes, são escassos. Nesse caso, costuma-se dizer que os lados querem "conquistar valor" [23].

Um negociador competente, ou uma pessoa com habilidade para negociar em suas relações, necessita avaliar e decidir qual abordagem irá escolher e adotar (durante toda a negociação ou em períodos dela), podendo ser uma, outra, ou até mesmo uma estratégia intermediária entre as duas, visando chegar ao melhor acordo possível entre as partes – aquele que atenda a seus interesses e necessidades e possibilite o alcance dos seus objetivos. Afinal, como defende Chester Karrass:

> "O vencedor em uma negociação é aquele que compreende seus objetivos e investe tempo em alcançar o melhor resultado possível por meio do processo de troca. Além disso, se empenha em fazer com que a outra parte fique a mais satisfeita possível com o resultado" [20]

As pessoas acreditam, comumente, que há somente duas maneiras de negociar: com amabilidade ou com aspereza. Roger Fisher e William Ury afirmam:

> "O negociador afável evita entrar em conflitos pessoais e faz concessões sempre que necessário para que se chegue a um acordo. Ele deseja resolver o problema amigavelmente e, no entanto, geralmente acaba se sentindo explorado e amargu-

> rado. Já o negociador duro enxerga qualquer situação como uma disputa de vontades, em que se sai melhor o lado que se mantiver irredutível e conservar as posições mais extremas. Ele faz tudo para sair ganhando" [13]

No objetivo de criar outra opção, estes autores propuseram uma nova maneira de negociar, na qual o negociador não age com aspereza nem com afabilidade, mas se utiliza das duas posturas ao mesmo tempo. Essa nova forma de negociar é denominada "Método de Negociação Baseada em Princípios". Foi desenvolvido pelos professores Roger Fisher, Bruce Patton e William Ury como parte do Projeto de Negociação de Harvard, uma associação interdisciplinar de especialistas em negociação da Harvard Law School, do Massachusetts Institute of Technology e da Tufts University, e que será apresentado mais adiante. Segundo os autores, "todo negociador possui dois tipos de interesse: na **substância** (aquilo que se quer negociar) e na **relação** entre as partes" [13]. Dependendo da importância relativa de cada uma, a estratégia deve ser diferente, existindo cinco principais opções a escolher.

ALTERNATIVAS DE POSICIONAMENTO ESTRATÉGICO PARA O NEGOCIADOR

Fonte: Adaptado de CARVALHAL, 2001, p. 105 [7].

Nos casos em que tanto a importância da relação quanto a da substância forem pequenas, a melhor estratégia é "Evitar" e se afastar sem negociar. Um exemplo são as situações de disputas no trânsito das ruas de grandes cidades, em que o motorista de um veículo força a passagem e ultrapassa o outro, cortando seu caminho. Neste caso, os dois não se conhecem, portanto, a relação não é algo importante. E, ainda, a substância, ou seja, a posição do carro na pista, também não costuma ser algo tão relevante. O melhor procedimento nessa situação é que ambos simplesmente se afastem, evitem discussões e conflitos e sigam seus caminhos.

Nas situações em que a importância da substância é grande e a da relação é pequena, a estratégia recomendada é usar o poder e impor, buscando vencer a qualquer preço. Abrir mão da substância, nesses casos, significa ferir algum princípio ou valor pessoal, e o negociador costuma ir para o "tudo ou nada" para conseguir o que quer.

Quando a relação é relevante e a substância não é, a estratégia indicada é harmonizar, não engajar e escolher perder para ganhar. Casos assim geralmente ocorrem quando a negociação envolve pessoas que possuem forte vínculo afetivo, como pais e filhos, e entre amigos.

Nos casos em que tanto a substância quanto a relação são medianamente importantes, a estratégia indicada é barganhar por meio de trocas de concessões. Em negociações transacionais para compras de produtos em lojas, por exemplo, situações como essa são comuns. Vendedor e cliente barganham para conseguir o melhor negócio possível, por meio de trocas de concessões e descontos.

Finalmente, quando ambas são muito importantes, a melhor estratégia é buscar soluções que gerem acordos ganha-ganha, aqueles que são mutuamente satisfatórios. Como ocorre, por exemplo, nas relações entre gestor e subordinado, entre cliente e fornecedor, e quando há o interesse comum de que as relações não sejam abaladas.

1.3. As melhores técnicas para os melhores resultados

Para obter resultados superiores nas negociações, identifiquei, testei, selecionei e proponho **oito técnicas-chave**. Essas são, na minha experiência, as mais relevantes e eficazes para serem usadas em qualquer situação. A ideia de restringir a oito técnicas é facilitar a lembrança e aplicação, já que, na maioria dos treinamentos e livros, divulga-se uma quantidade enorme de técnicas que não se consegue recordar e usar.

As primeiras sete técnicas-chave são baseadas nos conceitos tradicionais, que incluem o método da "Negociação Baseada em Princípios", da Harvard Law School [13], bem como técnicas e metodologias de outros autores e professores mundialmente renomados. A minha escolha foi feita após avaliação durante inúmeros exercícios e aplicações reais em negociações.

A oitava técnica-chave consiste do uso das *neurotáticas*, incorporadas de forma inédita a uma metodologia de negociação, e que serão apresentadas mais à frente, no Capítulo 3 deste livro.

Para facilitar a visualização, apresento na tabela a seguir as oito técnicas--chave.

As oito técnicas-chave de negociação

1	Avalie a importância da substância x relação e defina a sua estratégia. Desassocie as pessoas do problema.
2	Saiba diferenciar posições de interesses e concentre-se nos interesses.
3	Identifique e priorize suas moedas de troca.
4	Estabeleça seus objetivos e o campo da negociação.
5	Crie opções que sejam mutuamente satisfatórias e desenvolva a sua MACNA.
6	Descubra e use critérios imparciais.
7	Analise suas fontes de poder e as da outra parte. Administre muito bem seu tempo na negociação. Invista tempo em obter informações e em continuar aprendendo sobre a situação e sobre a outra parte durante o processo da negociação.
8	Identifique e aplique as *neurotáticas*.

Fonte: o autor

Os conceitos a partir dos quais as técnicas-chave foram desenvolvidas são apresentados em seguida.

O método da "Negociação Baseada em Princípios" propõe uma forma de negociar em que o negociador não precisa ser duro nem afável, mas agir com as duas posturas simultaneamente. Ao empregá-lo, os negociadores focam sua atenção sobre as questões em discussão, levando em consideração sua relevância, porém sem enfatizar o processo de barganha, em geral pouco producente e no qual cada parte tenta alcançar seus interesses por meio de propostas e contrapropostas [13].

Uma das premissas-chave do método é que cada negociação é única, distinta, mas seus elementos básicos são sempre os mesmos. Segundo os autores e professores que construíram suas bases, os princípios fundamentais do método [13] são:

- **Pessoas:** separar as pessoas dos problemas.
- **Interesses:** concentrar-se nos interesses, não em posições.
- **Opções:** criar uma grande variedade de opções de ganhos mútuos, antes de decidir o que fazer.
- **Critérios:** insistir em usar algum critério imparcial.
- **Melhor alternativa:** desenvolver a Melhor Alternativa em Caso de Não Acordo (MACNA), a fim de proteger o negociador de estabelecer um acordo que precisaria ser descartado e para ajudá-lo a aproveitar ao máximo os meios de que dispõe para construir um bom trato.

Vamos entender mais sobre os princípios do método da Harvard Law School e também sobre outros conceitos considerados relevantes para aplicação em processos de negociação.

1.3.1. Desassocie as pessoas dos problemas

Para ilustrar este princípio, citarei como exemplo uma situação na qual um consultor teve que negociar o preço e o escopo de uma proposta com um cliente agressivo, para conseguir fechar um negócio importante para a consultoria. Era uma época em que havia mais ofertas no mercado do que demandas por projetos. Com isso, o maior poder de barganha estava nas mãos dos clientes, e não dos fornecedores.

A empresa – San Vito – era uma cliente antiga da consultoria, só que o interlocutor havia mudado. Quando chegou para a reunião, o consultor teve que esperar mais de uma hora na recepção. Ao ser chamado e entrar na sala de reuniões, ele reparou que a pessoa com quem ia negociar o contrato – o João Paulo – era um profissional jovem, estava de "cara fechada" e com uma postura não muito simpática.

O consultor se sentou à mesa e a conversa começou. Logo no início, João Paulo se mostrou arrogante, impaciente e com a atitude "direta ao ponto", sem deixar muito espaço para uma conversa de aquecimento. Empregava afirmativas contundentes sobre o que a San Vito queria, sem conceder margem para argumentações: era o que a empresa queria ou a conversa estaria encerrada.

O consultor, então, em vez de também se posicionar com firmeza e partir para o "toma lá, dá cá" em relação às exigências de João Paulo, adotou a estratégia de fazer perguntas para compreender a situação, amenizar a conversa e buscar caminhos para aumentar as suas chances de fechar um bom negócio para ambos os lados.

Após algumas perguntas, percebeu que a San Vito estava enxugando o quadro de funcionários e a expectativa era de muitas demissões. Verificou também que o João Paulo estava sob pressão para cumprir uma tarefa de seu diretor, em curto prazo, de propor uma nova política comercial para o segmento das contas-chave. Ele demonstrou claramente que estava desconfortável com isso. O consultor constatou também que ele precisava conseguir ampliação de escopo (que a consultoria concedesse a transferência de *know-how* para a equipe da San Vito), redução no prazo proposto e uma melhoria nas condições de pagamento para atender às expectativas dos sócios internacionais. Se conseguisse fechar um bom acordo, João Paulo ganharia pontos com o diretor e se sentiria mais tranquilo.

Foi quando o consultor se ofereceu para apoiá-lo, enviando-lhe um material de suporte sobre como elaborar uma política comercial. Isso feito, a postura de João Paulo mudou. A conversa começou a fluir, ele se interessou em escutar os argumentos e as propostas do consultor e, após algumas trocas de concessões, eles conseguiram estabelecer um acordo que atendesse a ambos os lados.

Neste caso, ambos precisavam fechar o negócio e buscavam o que era melhor para suas empresas. Sabendo que possuía maior poder de barganha, João Paulo, mais jovem, adotou inicialmente uma postura mais dura e agressiva para conseguir impor o que queria e, com isso, levar vantagem na situação. Já o consultor, em vez de "partir para a briga", optou por separar a pessoa (João Paulo, com sua arrogância e impaciência) do problema (fechar um bom negócio para a consultoria) e teve habilidade para encontrar maneiras de superar os obstáculos, argumentar e alcançar seus objetivos.

A busca pela solução de conflitos de interesse deve acontecer através da negociação, para que eles sejam efetivamente resolvidos [6]. Deve-se evitar, entretanto, confundir os problemas com as emoções das pessoas envolvidas. É essencial distanciar as pessoas, que compõem o outro lado, da substância e do próprio processo de negociação em si, objetivando – quando for do interesse – preservar o relacionamento.

Como destacaram os professores Fisher e Ury, "antes de qualquer coisa, negociadores são pessoas", com emoções, valores próprios, temores, experiências distintas, interesses, diferentes pontos de vista e traços de personalidade. O exemplo anterior nos mostrou isso.

Ao nos lembrarmos das últimas experiências de negociações que tivemos, é fácil recordar que as pessoas, frequentemente, se sentam à mesa de negociação sob tensão, sentindo-se ameaçadas e pressionadas para chegar a um acordo. O desafio é levar esses aspectos em consideração e se empenhar para identificar os interesses por trás das posições e dos objetivos. Portanto, Fisher e Ury propuseram que o negociador seja "rigoroso com seus interesses, mas suave com as pessoas" [13].

1.3.2. Foque nos interesses e não nas posições

Conciliar interesses, já que estes determinam o problema, é essencial para se chegar a uma solução sensata.

No exemplo anterior, sobre a negociação entre o consultor e o interlocutor da empresa San Vito, ambos tinham o interesse em fechar um bom negócio, mas João Paulo possuía outros interesses pessoais: cumprir a tarefa de elaborar uma nova proposta de política comercial para o segmento de contas-chave (*key accounts*) e manter seu emprego.

Para facilitar o entendimento desse princípio, citarei outro exemplo. Há alguns anos, o sócio de uma agência de marketing promocional, aqui denominado Fernando, teve que negociar um acordo de distrato com uma fabricante de roupas esportivas. Sua agência vinha prestando serviços para a tal fábrica por vários meses, sempre sendo reconhecida pela qualidade do serviço e por seus projetos inovadores. Em um determinado momento, a empresa cliente parou de pagar os honorários mensais contratados. Após algumas semanas, Fernando decidiu procurar o gestor da fábrica para saber o que estava acontecendo, qual o motivo do não pagamento. Ele sempre manteve um bom relacionamento com esse gestor e esperava que durante a conversa tudo se esclarecesse. Ao chegar à fábrica para conversar, Fernando deparou com uma reviravolta na relação cliente-fornecedor: o gestor da fábrica havia decidido interromper o serviço unilateralmente, sem quaisquer motivos claros, e apresentou uma minuta de contrato impondo exigências inaceitáveis para a agência de Fernando, afirmando, inclusive, que essa decisão era fruto da péssima qualidade dos serviços prestados.

Fernando realmente não entendia o porquê de o gestor, que lhe parecia uma pessoa sensata e profissional, estar agindo assim e não conseguia sequer obter respostas quando lhe perguntava. Após várias tentativas de solucionar o impasse amigavelmente, decidiu buscar apoio junto a uma firma de advocacia, adotando uma postura mais firme e com argumentos baseados nas cláusulas do contrato inicial e na lei.

Finalmente, após três meses de muita discussão, estresse e desgaste, ambos acabaram firmando um acordo. Fernando ficou sem receber parte do que lhe era devido, mas por outro lado conseguiu se livrar da maioria das imposições descabidas do gestor. Obviamente, a relação entre os dois e as empresas acabou definitivamente.

Passados três meses, Fernando soube que o tal gestor havia sido demitido por inabilidade na gestão do negócio e que o real motivo daquela postura era que ele, pressionado, precisava demonstrar austeridade e neutralidade nas contratações, além de apresentar redução de custos da fábrica. Desesperado, decidiu alcançar esse resultado da pior forma, com exigências injustas e desproporcionais à agência de Fernando e a outros fornecedores.

Examinando a situação, tudo indica que o gestor não era louco, não tinha interesse em prejudicar a agência do Fernando nem em se tornar inadimplente, mas, sim, queria passar a imagem de um gerente pragmático e competente para se manter no cargo.

Uma conversa franca, iniciada pelo gestor, deixando de lado a vaidade, com explicações sobre a situação pela qual a empresa e ele estavam passando, poderia ter contribuído para que um acordo mutuamente satisfatório tivesse sido alcançado, sem rompimento da relação entre os dois executivos e as respectivas empresas, e colaborado para a manutenção de seu cargo de gerência.

O problema real de uma negociação não se encontra nas posições que os negociadores adotam, mas nas necessidades, nos desejos, nos anseios, nas preocupações e nos receios de cada uma das partes. **Posições** se expressam por meio de **exigências**, que são feitas pelos negociadores frequentemente sob a forma de termos, condições, preços, descontos, prazos, níveis de qualidade, quantidades etc. Já os **interesses** são as **razões** que estão por trás das exigências: motivações, aspirações, intenções, preocupações, temores, anseios etc. [13].

> "Pessoas negociam com outras porque desejam aumentar sua satisfação, ou evitar dissabores, através da troca de recursos e benefícios. Eles dão alguma coisa em troca de outra na qual têm interesse" (KARRASS, 2013) [20].

É comum os negociadores se sentarem à mesa para iniciar uma negociação agarrados às exigências que querem fazer – e, mais uma vez, essa premissa está expressa em qualquer negociação, seja comercial, pessoal ou corporativa – como se estivessem de lados opostos em um campo esportivo e participando de um exercício de cabo de guerra. Nenhum dos dois lados quer abrir mão de um centímetro. O curioso é que ambos sabem, de antemão, que terão que ser flexíveis se quiserem realmente chegar a um acordo.

A fixação em determinadas posições esconde ou torna confuso o que está por trás da situação problema, que é o levantamento dos reais interesses de ambas as partes, os quais realmente atraem os negociadores para negociar. Por trás de posições contrárias existem interesses comuns e conciliáveis, assim como interesses discordantes. Portanto, é fundamental sempre nos lembrarmos de que posições assumidas durante a negociação e interesses são coisas distintas [13].

O exame de interesses, e não de suas posições, é o que torna possível a identificação e a criação de soluções que atendam às partes. Para a identificação de interesses, deve-se perguntar: "por quê?" e "por que não?" [13]. É essencial se colocar na posição do outro e pensar nas possíveis escolhas dele.

As necessidades humanas e sociais constituem os interesses mais relevantes, contemplando as necessidades fisiológicas, de segurança, de bem-estar econômico, de sensação de pertencimento, de conexão, de autoestima, de reconhecimento, de autorrealização, de controle sobre a própria vida etc. [13]

Em toda negociação, como diz Chester Karrass, alguns interesses afetam ambas as partes, têm um viés mais emocional e, na maioria das vezes, não são revelados, constituindo-se em preocupações essenciais dos negociadores [20], como:

- Autonomia, liberdade de escolha e controle sobre seu próprio destino.
- Tornarem suas vidas mais fáceis.
- Tranquilidade e paz de espírito.
- Serem ouvidos.
- Serem respeitados e tratados com dignidade.
- Relações confiáveis e satisfatórias.
- Se sentirem importantes.
- Pertencerem, como membros aceitos, a algum grupo com o qual se identifiquem.
- Manterem seus empregos ou cargos.
- Evitarem problemas futuros e agravamentos.
- Mitigarem riscos pessoais, ou do negócio, e incertezas.
- Satisfazerem suas necessidades e aquelas de outros que dependem deles.
- Sustentarem o que já possuem.

Como esses tipos de interesses envolvem a emoção, quando mencionados pelo negociador durante o processo da negociação, costumam trazer maior tranquilidade e confiança à outra parte, adicionando benefícios relevantes e facilitando a aceitação da proposta.

Ao nos lembrarmos dos dois últimos exemplos, que envolveram a empresa San Vito e a fábrica de roupas esportivas, podemos identificar algumas preocupações dentre as listadas, como: "tranquilidade e paz de espírito", "serem ouvidos", "serem respeitados e tratados com dignidade", "relações confiáveis e satisfatórias", "manterem seus empregos ou cargos", "sustentarem o que já possuem" e "satisfazerem suas necessidades e de outros".

1.3.3. Crie opções satisfatórias para você e para o outro

A partir da identificação de interesses, os negociadores devem se empenhar para criar uma variedade de possibilidades que atendam satisfatoriamente às partes. Para isso, é importante reservar um tempo para pensar em diversas possíveis soluções/opções que sintonizem os interesses comuns e harmonizem os interesses contrários.

Sessões de *brainstorming* são boas técnicas para esse processo criativo. Durante a negociação, as interrupções para identificação de novas opções também funcionam muito. É frequente haver mais interesses comuns do que se imagina, só que estes não são facilmente evidenciados. Roger Fisher, William Ury e Bruce Patton sugerem:

> "Pergunte a si mesmo: será que temos um interesse comum em preservar nosso relacionamento? Quais são as oportunidades de cooperação e benefício mútuo mais adiante? Qual seria o ônus se as negociações fossem interrompidas? Os interesses comuns são oportunidades. Para que sejam úteis, é preciso deduzir algo a partir deles. É conveniente explicitar o interesse comum e formulá-lo como uma **meta** comum. Em outras palavras, faça dele algo concreto e voltado para o futuro" [13].

O próprio autor, Roger Fisher, afirma que na maior parte das negociações existem quatro empecilhos principais que dificultam a criação de múltiplas opções. São eles [13]:

1. **Avaliação incompleta:** sob o estresse de uma negociação, o senso crítico costuma se acentuar, limitando a criatividade, especialmente diante das pessoas do outro lado da mesa de negociação. Isso tende a impedir a invenção de soluções criativas.
2. **Simplificação exagerada:** pessoas acreditam que gerar e avaliar ideias não pertencem ao conjunto de atividades do processo de negociação e, com isso, costumam reduzir a quantidade de possíveis opções.
3. **A crença de que a negociação é um jogo de "soma zero":** as partes encaram a situação como perde-ganha, dificultando a identificação de propostas que tragam benefícios mútuos.
4. **Cada lado olhar somente para o seu problema:** em uma negociação, as interações costumam ser complexas, as pessoas tendem a tomar posições e soluções unilaterais, buscando atender a seus próprios interesses imediatos, muitas vezes ignorando as soluções de ganhos mútuos.

É comum os negociadores iniciarem a negociação adotando a postura do perde-ganha (abordagem posicional). Nessa situação, um lado começa exigindo algo de maneira contundente e o outro reage e contesta. Eles então iniciam um processo de troca de concessões até chegarem a um acordo ou a um impasse. Esse processo é muito comum e deixa de lado a possibilidade de os negociadores usarem sua experiência e criatividade para criar outras opções mutuamente satisfatórias.

Se a negociação cair em um impasse, o processo pode sofrer uma interrupção por conta das exigências (posições), das pessoas ou dos problemas. O impasse é o que se quer evitar por meio da negociação. A missão dos negociadores é encontrar uma maneira de contorná-lo.

Algumas ações podem ser implementadas tanto para transformar uma negociação que começa com a abordagem competitiva (perde-ganha ou perde-perde) em colaborativa (ganha-ganha) quanto para superar impasses, como, por exemplo [13]:

- Criar, desde o início, um ambiente de resolução de problemas em que as partes sintam confiança e se empenhem em propor opções para solucioná-los, em vez de se entrincheirarem em suas posições.
- Evitar, já nos estágios iniciais da negociação, posturas fechadas, impaciência, ameaças ou a imposição de exigências, de demandas ou de ofertas.
- Se a interação caminhar para um impasse, propor um intervalo (ajuda a amenizar os ânimos).
- Usar a empatia (procurar observar a situação pela perspectiva do outro).
- Repassar as concordâncias, dando foco às possibilidades de acordo.
- Relembrar quais pontos ainda estão abertos à discussão ou não foram contemplados durante a negociação e buscar opções mutuamente satisfatórias.
- Fazer perguntas para identificar o que o outro realmente quer e criar soluções que atendam às suas necessidades e às da outra parte.

1.3.4. Empenhe-se em usar critérios imparciais

Por melhor que uma parte preveja o que o outro lado quer, ela precisa se empenhar para conciliar os interesses e valorizar um relacionamento contínuo, pois sempre terá que lidar com interesses conflitantes.

"Decidir com base na vontade sai caro" (FISCHER; URY) [13].

É comum os negociadores buscarem soluções para situações de conflito por meio de trocas de recursos, deixando claro o que estão e o que não estão a fim de aceitar. Insistir em concessões, de maneira incisiva, é uma das táticas frequentemente utilizadas. Contudo, esse processo de "toma lá, dá cá" para se chegar a um acordo pode levar tempo demais, pois se concentra no que cada lado está disposto a concordar e conceder. O resultado decorre da interação entre vontades humanas.

No exemplo da negociação entre Fernando e o gestor da fábrica de roupas esportivas, esse princípio ficou claro quando Fernando decidiu usar o contrato e a lei como referências para sua argumentação. Ele constatou que ficar ponderando com base nos elogios que recebia, nos resultados alcançados ou na relação entre os gestores não estava surtindo efeito.

O uso de critérios imparciais reduz a importância das vontades dos negociadores por não se basear em pedidos, opiniões ou imposições feitas por eles, mas em legitimidade, precedência, fatos e dados [20]. Considera padrões imparciais, como, por exemplo, o valor de mercado, o custo de reposição, os custos envolvidos, o valor contábil depreciado, um precedente, uma opinião científica, a prática de mercado, a tradição, os padrões morais, a reciprocidade, uma norma, a lei, o contrato, cálculos matemáticos, preços competitivos, entre outros.

Em suma, quanto mais o negociador utilizar referências e padrões imparciais em seus argumentos sobre a situação problema, maior será a chance de ele produzir uma solução sensata, justa e que seja aceita pela outra parte. Como exemplo, ao fazer uma oferta de preço para a compra de um veículo e compará-la ao valor indicado pelos jornais, ou ao apresentado na tabela de preços médios de veículos no mercado nacional (no Brasil, conhecida como tabela FIPE), o negociador demonstra que sua proposta usa uma referência imparcial, não se referindo à vontade ou opinião.

1.3.5. Desenvolva a sua MACNA (Melhor Alternativa em Caso de Não Acordo)

Para se proteger de um trato que deveria ser rejeitado e para otimizar o uso dos recursos de que dispõe para construir um bom acordo, o negociador deve desenvolver a sua Melhor Alternativa em Caso de Não Acordo, ou MACNA (também chamada pelos autores Roger Fisher, William Ury e Bruce Patton de "Melhor Alternativa Para um Acordo Negociado" – MAPAN) [13].

A MACNA é uma alternativa fora da negociação em andamento e muito relevante, pois indica em que momento o negociador deve se retirar da negociação. Pode ser escolhida com base no princípio de que as pessoas negociam "para produzir algo melhor do que seria possível obter sem negociar" [13].

Ao negociar a compra de um imóvel, por exemplo, se o negociador puder dispor de alternativas de imóveis similares, facilita a avaliação da proposta que está sendo feita pelo vendedor. O mesmo vale quando se está negociando uma proposta de emprego. Contar com uma alternativa, oriunda de outra empresa, facilita a definição de um pacote mínimo de condições até onde vale a pena aceitar a proposta. Essa alternativa, fora da negociação em curso, é chamada de MACNA.

Com frequência, quem negocia busca proteção para não fazer um mau negócio por meio do estabelecimento antecipado de seu "ponto de recuo" ou "piso mínimo". Quando o negociador é o comprador, o ponto de recuo é o preço mais alto que ele está disposto a pagar. Se ele estiver vendendo, o ponto de recuo é o valor mais baixo que concordaria aceitar. A aplicabilidade, mesmo em cenários diversos como as relações pessoais, se dá de forma semelhante, através do estabelecimento de limites para concessões ou acordos.

Definir e ter como referência um ponto de recuo deixa o negociador mais resistente às possíveis pressões e às tentações do momento. Mas, eventualmente, ao adotar um ponto de recuo, ele pode perder um bom negócio por ter escolhido um limite equivocado, que foi estabelecido com base em estimativas malfeitas, em vez de em referências precisas e consistentes.

A sua MACNA (Melhor Alternativa em Caso de Não Acordo) é a referência, fora da negociação em curso, em relação à qual qualquer proposta de acordo deverá ser comparada. É o único padrão coerente que protege o negociador de concordar com condições desfavoráveis e de descartar termos que, a princípio, pareciam bons e deveriam ser aceitos. Funciona como um marco mais preciso, e que tem a vantagem de ser flexível, podendo ser ajustado ou complementado a partir de análises e discussões em torno de seu valor.

Em vez de eliminar quaisquer propostas que ultrapassem seu ponto de recuo, o negociador poderá confrontar as propostas recebidas com sua MACNA e checar se elas atendem melhor aos seus interesses. São três as ações que o negociador precisará executar para gerar possíveis MACNAs [13]:

1. Identificar providências que terá que tomar caso o trato não seja feito.
2. Aprimorar algumas dessas providências e convertê-las em referências práticas (que possam ser usadas como pontos de recuo).
3. Selecionar a referência que considera a melhor para ser a sua MACNA. Esta fará o papel de ponto de recuo, sem descartar qualquer outra da lista.

Se ele não tiver pensado cuidadosamente a respeito do que fará se deixar de conseguir um acordo, se sentirá como se estivesse negociando de olhos fechados, "navegando às escuras", ou seja, sem uma referência sólida que o deixe mais confiante.

> "Quanto melhor for a MACNA do negociador, maior será o seu poder" [13].

Em uma venda, o comprador possui uma MACNA forte quando pode adquirir algo de outro fornecedor com custo, escopo e prazo similares. Já o vendedor tem uma MACNA forte quando tem um comprador interessado em adquirir o produto nas condições em que ele quer vender. Se a sua opção for procurar outro cliente a quem possa oferecer seu produto nas condições que quer vender, a MACNA é considerada fraca [13]. Nesse caso, o vendedor não pode se esquecer de que é avaliado por meta e, portanto, está sempre pressionado a fechar negócios.

É importante também que, na fase de planejamento, o negociador faça um exercício mental para tentar prever a MACNA da outra parte e os custos (financeiros e não financeiros) que essa alternativa exigirá dela. Com essa estimativa, ele terá mais informações ao seu dispor para tomar decisões ao longo da negociação.

Vale destacar que se a outra parte tiver uma MACNA atraente, pode ser que chegar a um acordo não seja a melhor estratégia possível para ela. Daí a relevância de o negociador pensar também na MACNA do outro lado.

Além dos princípios citados e descritos anteriormente, há outros conceitos que precisam ser considerados para o êxito de qualquer negociação.

1.3.6. Identifique e priorize moedas de troca

Como parte da essência da técnica de negociação, identificar e priorizar moedas de troca são fatores-chave para a obtenção dos resultados desejados. Segundo o professor Eugênio do Carvalhal [7], as moedas de troca também são chamadas de valores e podem ser tangíveis e intangíveis. O dinheiro é a moeda principal, ou mais comum, porém existem outras, como: objetos, recursos, recompensas, trunfos ou sanções, moedas psicológicas, moedas emocionais etc. Para ilustrar, o quadro a seguir apresenta uma relação de moedas de troca.

EXEMPLOS DE MOEDAS DE TROCA PESSOAIS E ORGANIZACIONAIS

Moedas de troca – Exemplos	
Tipo de moeda	**Descrição**
Moral/correção/ética	Possibilidade de fazer o que é certo através de elevados padrões
Decisão	Ter a chance de decidir algo em nome de um grupo ou pessoa Oportunidade de escolha de projetos, locais de trabalho, equipes
Recursos	Financeiros: aumento ou aprovação de orçamento, condições de pagamento, descontos, propostas, taxas etc. Tecnológicos Materiais: ceder, alugar, emprestar, vender, tomar recursos materiais, objetos, espaço Quantidade de recursos Responsabilidade e custos com a logística, transporte Recursos humanos
Assistência	Receber apoio para a execução de projetos Responsabilizar-se por tarefas ou projetos indesejáveis

Moedas de troca – Exemplos	
Tipo de moeda	**Descrição**
Cooperação	Receber apoio no trabalho Prover respostas rápidas Conseguir a aprovação dos projetos
Informação	Compartilhar informações e conhecimento relevantes, sejam organizacionais ou técnicos Manter sob sigilo informações de interesse do outro
Agenda/escala/programação	Receber a oportunidade de influenciar sua própria agenda ou de outros
Crescimento	Receber ou ser indicado para promoção Receber tarefas ou participar de projetos que impulsionem a promoção Ser designado para cargo ou posição relevante
Capacitação	Ter a possibilidade de participar de treinamento, programa de desenvolvimento, no país ou no exterior
Visibilidade	Receber oportunidades de ser conhecido pelos níveis superiores da organização, ou por públicos de interesse
Reconhecimento/reputação/relevância	Nível de desempenho, qualidade e/ou prazo Receber elogio por atributos pessoais ou profissionais, apreciação, gratidão e compromisso Receber um destaque por pertencer a algo significativo Receber reconhecimento pelo esforço, pelas realizações e habilidades
Conexão/contatos	Ser convidado a participar de reuniões e conhecer pessoas de interesse Ser apresentado a pessoas relevantes Receber a oportunidade de se aproximar de pessoas relevantes Ser incluído/excluído de um grupo de interesse
Apoio pessoal	Receber apoio pessoal e emocional
Compreensão	Ser ouvido em suas opiniões, preocupações, dúvidas
Princípios e valores	Ser reconhecido por seus valores individuais, suas decisões e sua identidade Receber confirmação ou referência que valorizem a autoestima
Atribuições	Receber atribuições e tarefas que possibilitem autodesenvolvimento Tarefas que cada lado tem que cumprir
Propriedade	Receber os louros por êxitos Receber autorização para exercer a propriedade de coisas e influenciar Receber autoria por trabalho relevante realizado

Fonte: adaptado de CARVALHAL, E., 2001, p. 91 [7].

O negociador deve listar as moedas na fase de planejamento, visando maximizar seu uso e utilidade durante a negociação. A recomendação é que se faça, durante essa fase, um exercício mental de identificação e criação de moedas de troca para que se disponha de um "cardápio" maior de opções. Esse menu ampliará as possibilidades de atendimento de interesses e de fechamento de acordo.

Um exemplo típico do uso eficaz de moedas de troca é durante os processos de compra e venda de automóveis. Antes de iniciar sua atuação como vendedor, o profissional recebe uma lista com mais de uma dúzia de possíveis moedas de troca a serem usadas antes de conceder um desconto. Dentre as inúmeras moedas, destacam-se: os tapetes internos de borracha, a película de controle solar para vidros (*insulfilm*), a roda de liga leve, o forramento dos bancos em couro, o emplacamento, a proteção do cárter, o equipamento de rádio ou de multimídia, caixas de som adicionais, faróis de milhas, parcelamento do valor, alarme contra roubo, financiamento e, ainda, o desconto.

Quando o comprador chega à loja, já existe um roteiro bem organizado para a condução, pelo vendedor, desse processo de concessões sequenciais. Obviamente, o desconto é a última moeda oferecida, já que causa impacto negativo sobre o faturamento e a rentabilidade da concessionária e também sobre a comissão do vendedor.

A importância das moedas de troca – aquilo que cria valor para as concessões ou acordos – deve ser avaliada segundo os pontos de vista de ambos os negociadores. O negociador deve avaliar quais são as moedas de troca mais importantes para a outra parte, já que esta efetuará trocas para atender aos seus interesses. O negociador deve também planejar "pacotes" de moedas, juntando recursos que atendam aos interesses da outra parte, para tornar suas ofertas mais atraentes e facilitar as trocas.

Finalmente, o negociador deve priorizar as moedas de troca de acordo com a ordem de importância para si, da menor para a maior (ordem crescente). Com essa relação em mãos, ele administrará as moedas e procurará conceder, inicialmente, aquelas que sejam do interesse da outra parte, mas que tenham menor prioridade para ele mesmo.

1.3.7. Estabeleça o campo da negociação

Outro aspecto fundamental para assegurar que o negociador entrará na negociação conhecendo os mares em que irá navegar é a definição do campo da negociação. Isso deverá ser feito durante a fase de planejamento.

Ao definir esse campo, o negociador terá estabelecido sua meta, seu ponto de partida, isto é, sua oferta de abertura e o seu limite máximo, ou ponto de recuo, que é também chamado de valor (ou condição) de reserva.

Observe o campo da negociação e seus parâmetros.

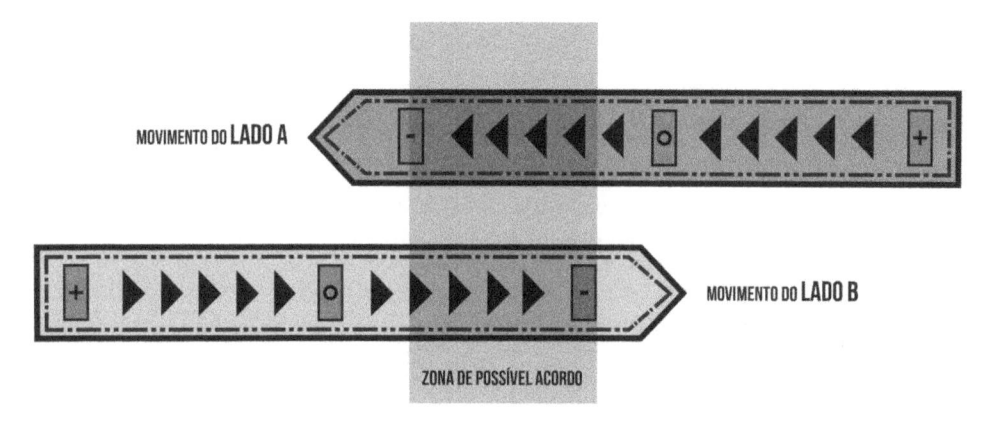

CAMPO DA NEGOCIAÇÃO E A ZONA DE POSSÍVEL ACORDO

MOVIMENTO DO **LADO A**

MOVIMENTO DO **LADO B**

ZONA DE POSSÍVEL ACORDO

[+] OFERTA DE ABERTURA [O] META (ALVO DESEJADO) [▪] PONTO DE RECUO ("VALOR DE RESERVA")

Fonte: adaptado de SUBRAMANIAN, 2010, p. 15 [31].

A primeira referência a definir é a meta, ou alvo desejado, que é o valor ou aquilo que satisfaz as necessidades do negociador.

Em seguida, o negociador deve pensar bem e estabelecer a sua oferta de abertura, ou seja, o valor inicial com o qual começará o jogo da negociação. Essa oferta precisa ser analisada com atenção e cuidado para não contemplar exageros que inviabilizem a negociação e nem ser tão próxima à meta que deixe pouco espaço para realizar trocas.

O ponto de recuo, ou condição de reserva, já citado anteriormente neste capítulo, é o limite máximo a partir do qual o resultado da negociação deixa de ser interessante, por não mais atender aos interesses dos negociadores (lados A e B). A partir desse ponto, não vale mais a pena continuar o processo e o negociador deve recuar.

Para facilitar a compreensão, vamos ver um exemplo relacionado à negociação de salário. Antes da reunião, o empregado deve se preparar e estabelecer qual a sua meta de salário a alcançar. Com base nela, define o que considera uma boa oferta de abertura (valor superior à meta) e também qual será o valor mínimo que está disposto a aceitar (ponto de recuo). Assim, quando se sentar à mesa para negociar, já estará devidamente preparado e suas chances de êxito são muito maiores. O mesmo esforço de preparação deve ser feito pelo gestor.

Agora, vejamos outro exemplo que trata de compra e venda. Suponha que um apartamento seja oferecido nos classificados de um jornal para venda por R$ 1 milhão e que o comprador tenha como meta adquirir esse imóvel por R$ 800 mil. Ao pesquisar os preços de apartamentos similares, ele conclui que estes variam de R$ 650 mil a R$ 1 milhão. Então, estabelece sua oferta de abertura em R$ 650 mil. A quantia de que dispõe para fechar o negócio é de R$ 1 milhão. Com essas informações, o comprador define seu campo de negociação, partindo de R$ 650 mil (oferta de abertura) e tendo como ponto de recuo o valor de R$ 1 milhão. Ele poderia simplesmente fechar o negócio pelo valor que o vendedor está pedindo, entretanto quer negociar, pois acredita que conseguirá um preço melhor (menor) do que o vendedor apresenta inicialmente.

Para aprimorar a percepção desse limite, que se aplica em negociações de qualquer tipo, o negociador precisa examinar alternativas fora da negociação em curso e estabelecer sua Melhor Alternativa em Caso de Não Acordo (MACNA), também apresentada anteriormente.

No exemplo anterior, suponha ainda que o comprador já tenha negociado a compra de um apartamento similar, no andar acima, com outro proprietário, por R$950 mil. Esse valor se tornaria a sua MACNA. Isso significa que, para o comprador, o ponto de recuo passaria a ser os R$ 950 mil, em vez de R$ 1 milhão, que havia sido definido como o ponto de recuo inicial.

A Zona de Possível Acordo (ZOPA) é a faixa formada pela intercessão entre os campos de negociação das duas partes.

1.3.7.1. *Conceder é parte do jogo da negociação*

Como anteriormente mencionado, negociação é troca. Ambas as partes, na maioria das vezes, têm consciência de que terão que fazer concessões para se moverem de suas posições iniciais até chegarem a um acordo. O negociador competente sabe que terá que usar de muita inteligência, raciocínio e preparo para isso.

É comum os negociadores seguirem um dos seguintes padrões de concessões ao negociar:

- **Confiante:** começa com grandes concessões, na esperança da outra parte também agir assim e ambos chegarem rapidamente ao acordo. Quando não encontra reciprocidade, interrompe o processo e para de conceder, tornando-se mais duro quando está chegando ao seu objetivo.

- **Conservador:** concede de pouco em pouco durante todo o processo da negociação.
- **Agressivo:** é duro com as concessões no início, não saindo de sua posição inicial até que o tempo disponível esteja chegando ao limite, quando então começa a fazer as concessões.

Aqui vão algumas orientações importantes sobre como fazer concessões:

- Como afirma o Professor Chester Karrass, escolha a sua oferta de abertura de maneira a deixar espaço para negociar. Em negociações comerciais, sua oferta inicial deve ser maior, se você quer vender, e menor, se quer comprar.
- Defina seus próprios critérios e regras padrão para fazer concessões e administre-os com firmeza. Seja duro em relação à substância e amistoso com as pessoas.
- Seja paciente e conduza a outra parte para ser a primeira a apresentar suas ideias, ofertas e argumentos [20].
- A mesma orientação vale para a primeira concessão: aja de maneira que a outra parte faça a primeira concessão. Caso não seja possível, inicie as concessões com alguma coisa de menor importância para você, mas que seja do interesse da outra parte.
- Evite conceder logo no início da conversa de negociação. Quanto mais o outro esperar para receber concessões mais ele as valorizará.
- Só tome a iniciativa para a primeira oferta se tiver uma boa confiança sobre qual é o objetivo e a zona de possível acordo da outra parte [31]. Nesse caso, o recomendável é começar com uma oferta adequada e prosseguir com pequenas concessões.
- Tenha paciência, resista e só conceda após o outro ter se empenhado por isso, pois só assim ele dará importância ao que recebeu.
- Não aumente as expectativas do outro com grandes concessões ou concedendo rápido demais. Em ambos os casos, ele acreditará que conseguirá mais se continuar pressionando. Por outro lado, concessões médias estimulam reciprocidade [20].
- "Sempre peça algo em troca de toda concessão que fizer" [20]. Ao fazer concessões, lembre-se de que há várias moedas de troca que

podem interessar a outra parte, além do dinheiro. Por isso, é essencial investir tempo, durante a preparação, para a identificação de moedas de troca.

- Demonstre firmeza, persistência e paciência. Com isso, a outra parte acreditará mais no seu NÃO [20].
- O negociador pode voltar atrás se fez uma concessão inadequada e substituí-la por outra mais apropriada. É o acordo final que conta, não as trocas de concessões que acontecem durante o processo [20].
- Negociações comerciais, comumente, terminam em preço. Entretanto, é preciso lembrar que, em qualquer negociação, há outras moedas de troca a usar.
- Com relação a descontos de preço, o negociador competente precisa ser firme e não deve conceder descontos antes de ter dito pelo menos três vezes a palavra NÃO para a outra parte, seguido de justificativas [20]. Esteja ciente da regra do meio: a melhor previsão, com as concessões das duas partes, é que o resultado final convirja para o valor médio entre as primeiras ofertas (consideradas razoáveis) das partes. Assim, o negociador competente ancora (define) sua primeira oferta na posição exatamente simétrica à feita pela outra parte, considerando a sua meta como o ponto do meio [32].
- Uma dica do professor da Harvard Law School Guhan Subramanian é que o negociador faça concessões cada vez menores ao chegar próximo do seu ponto de recuo e diga algumas vezes a palavra NÃO a fim de reduzir as expectativas da outra parte. Essa prática mostra que você está chegando ao seu limite e não precisa levantar da mesa sem o acordo [31].
- É melhor receber algo e manter a negociação evoluindo do que travar o processo ao receber algo que pareça pequeno.
- O negociador deve anotar suas concessões e as da outra parte. Essa prática o ajudará a controlar e avaliar a quantidade e o valor das suas concessões e comparar com os da outra parte [20].

A ilustração a seguir sugere um processo típico de concessões em uma negociação em que ambos os lados barganham até chegar a um acordo.

Processo típico de concessões

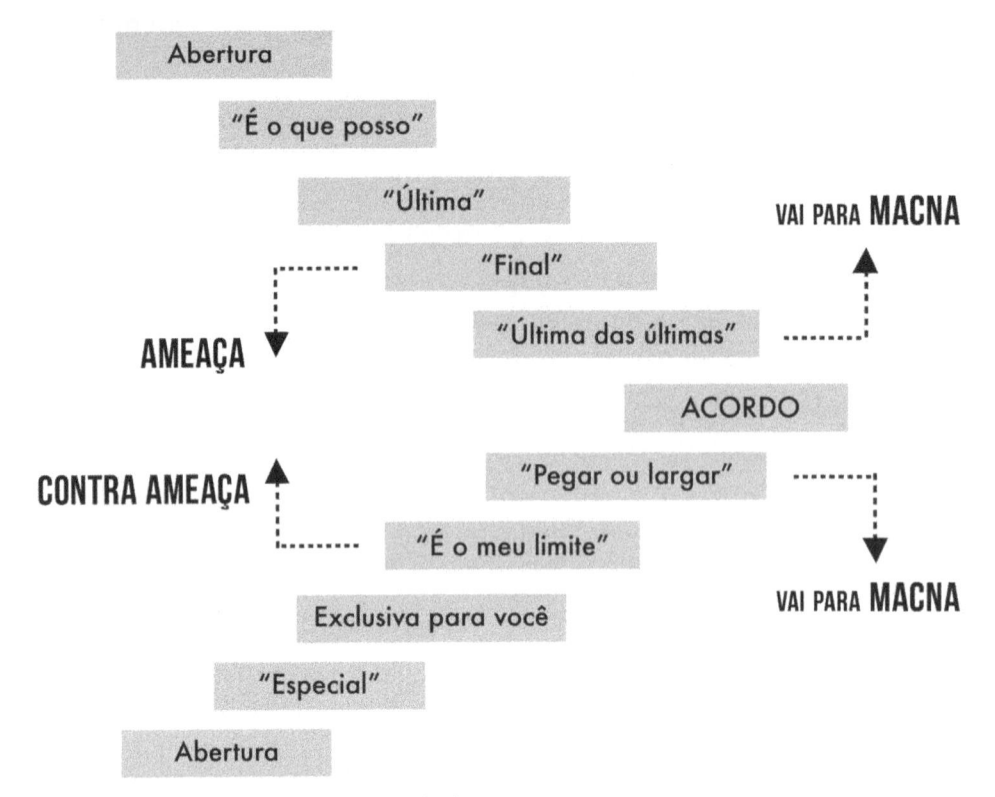

Fonte: adaptado de SUBRAMANIAN, 2011 [32].

1.3.8. A trilogia poder, informação e tempo

1.3.8.1. O poder e o sucesso nas negociações

"O uso do poder é um dos fatores mais importantes para o resultado da negociação" (Chester Karrass) [20].

Segundo Eugênio do Carvalhal, poder é a capacidade de influenciar e de exercer controle sobre indivíduos, eventos, situações, recursos e sobre si próprio. Seu uso é uma estratégia para se obter o que se deseja na negociação [7].

Como já mencionado anteriormente, "pessoas negociam com outras porque desejam aumentar sua satisfação ("prazer") ou evitar uma "dor" através da permuta de recursos e benefícios" [20]. Elas abrem mão de alguma coisa em troca de outra que desejam. Por esse motivo, o negociador aumenta o seu poder de barganha se controlar os recursos que outra pessoa deseja ou precisa [20].

Para ampliar o próprio poder, é necessário que o negociador pesquise e identifique o que a outra parte deseja ou necessita e o que ele pode fazer para conceder ou negar esses recursos a ela [20]. Poder também está relacionado com a percepção que uma parte tem da outra acerca de sua capacidade de provocar efeitos positivos (ganhos, recompensas, vantagens e prazer) ou negativos (perdas, punições, desvantagens e dor) por meio de suas concessões e restrições. Como afirma Herb Cohen, outro renomado consultor e professor de negociação, "poder é algo que lhe dá alguma vantagem nas trocas durante a negociação" [10].

Cada negociador atribui poder ao outro a partir do que percebe e não com base no poder real de cada um. Essa percepção sobre o poder que uma pessoa ou organização possui contribui para que os indivíduos resistam menos a consentir e a conceder. A conclusão é que o negociador terá mais poder se acreditar que o tem.

Para ilustrar esse ponto, podemos nos lembrar de ocasiões em que fomos à presença do diretor da escola, do reitor da universidade, do presidente da empresa ou de um policial para responder ou para solicitar algo. A maioria das pessoas se sente insegura ou, de forma coloquial, "treme na base".

Em geral, pessoas têm mais poder do que acreditam que possuem porque sabem mais de suas limitações do que a outra parte. A crença do negociador de que possui poder transmitirá essa autoconfiança à outra parte [10] e fará com que esta acabe percebendo maior poder no negociador.

No filme "Ponte dos Espiões" ("Bridge of Spies", filme de espionagem americano dirigido por Steven Spielberg e escrito por Matt Charman, Joel e Ethan Coen, lançado por Touchstone Pictures nos Estados Unidos em outubro de 2015 e distribuído no Brasil neste mesmo ano pela Fox Film do Brasil*), o personagem vivido pelo ator Tom Hanks é um advogado escolhido pelo governo americano para negociar com a União Soviética a troca entre reféns. Durante o filme, ele demonstra essa autopercepção de poder, mantendo-se persistente nos seus interesses de libertar dois americanos em troca de um espião russo. Por sua atitude, ele é chamado pelo espião russo de "um homem persistente".

A avaliação das fontes de poder é fundamental para que o negociador se prepare para o jogo da negociação. Vale pontuar que maior será o poder relativo do negociador sobre a outra parte quão maior for a autonomia que ele recebe da equipe ou grupo que representa para tomar decisões, exercer sanções e oferecer recompensas.

1.3.8.1.1. Fontes de poder de barganha

Em seu livro "Você pode negociar qualquer coisa", Herb Cohen [10] relaciona inúmeras fontes de poder a se considerar para uma negociação. Estas deverão ser examinadas durante a fase de planejamento. Dentre elas, destacam-se:

Poder da concorrência

Herb Cohen afirma que "toda vez que o negociador cria uma rivalidade por algo que está sendo o foco da negociação, ele o torna mais precioso e desejado" [10].

Este tipo de poder é muito usado por profissionais da área de compras de empresas quando falam de fornecedores concorrentes para obter melhores negócios para suas empresas. É também utilizado na relação entre casais, quando um gera ciúme no outro para obter o que deseja.

---

* Fonte: Wikipédia.

Poder da legitimidade

Em geral, as pessoas têm a tendência de não questionar aquilo que está documentado. Fazer referência a textos, leis, normas, procedimentos e padrões em sua argumentação pode aumentar a capacidade de influência do negociador [10].

O poder da legitimidade é muito empregado por engenheiros, profissionais de segurança no trabalho, arquitetos, médicos e, sobretudo, por advogados, sempre que se referem a normas, regulamentos, resultados de pesquisas e à lei.

Poder dos riscos

Em uma negociação, quem não estiver disposto a se arriscar certamente será manipulado pela outra parte. Sempre que o negociador acreditar que tem que conseguir algo, não quer correr riscos e decide agir para isso, acaba pagando mais caro.

Como ressalta Herb Cohen, "arriscar-se envolve uma mistura de coragem e bom senso" [10]. Antes de correr qualquer risco, o negociador deve avaliar as possibilidades e verificar se os ganhos potenciais valem o ônus de um mau resultado [10].

Poder do conhecimento das necessidades

Em toda negociação, há questões que são reveladas e outras – as verdadeiras necessidades e desejos – que costumam ficar escondidas e protegidas, sendo raramente mencionadas. Se o negociador conseguir obter ou estimar as possíveis necessidades da outra parte, poderá antever com exatidão como a negociação evoluirá [10].

Como exemplo, imagine uma situação em que um dono de uma empresa locadora de tratores, empilhadeiras e guindastes, antes da negociação, visita uma determinada obra e conversa com os operários para conhecer mais sobre o andamento da planta, as necessidades do construtor, sobre obstáculos, pressões por prazos etc. Ao montar esse mosaico da situação da obra, ele passa a dispor de mais argumentos para negociar preço, condições de pagamento, prazos de locação, seguros, logística de entrega dos equipamentos etc.

Poder do investimento

Quanto mais tempo, recursos e energia o negociador gastar para conseguir fechar um acordo, maior será o esforço dele para manter o processo de negociação e chegar a um trato entre as partes.

Assim, se o negociador tem alguma questão difícil para negociar e é de seu interesse que a outra parte faça uma concessão, é recomendável que ele deixe para trazer à mesa essa questão quando a negociação estiver se aproximando do final, de maneira que o outro lado já tenha investido muito tempo e energia, tornando a desistência ou ampliação da negociação desvantajosa [10].

Poder da ética

É ao longo da vida que o negociador constrói sua reputação. Se a atitude dele for sempre correta com os outros, alinhada com padrões éticos e morais, há uma grande probabilidade de que os outros ajam assim com ele também.

Poder do precedente

Como ressalta Herb Cohen:

> "Para justificar o que está fazendo ou pedindo, o negociador deve sempre se referir a situações semelhantes àquela que está em pauta, na qual ele ou outra pessoa agiram de mesma forma e onde o resultado, por ele desejado, foi alcançado" [10].

É comum filhos usarem essa fonte de poder com os pais quando querem conseguir alguma regalia. Para isso, se baseiam em situações anteriores semelhantes em que os pais foram favoráveis aos irmãos. Advogados também se empenham muito em pesquisas de casos passados para identificar situações similares, nas quais o que estão pleiteando foi concedido pelo juiz.

Poder da persistência

Herb Cohen pontua ainda que "a maioria das pessoas não é persistente o bastante quando negocia" [10]. Elas não insistem e nem continuam sentadas à mesa de negociação durante o tempo necessário para conseguir o que querem – o que também pode ser explicado pela expressão "deixam recursos em cima da mesa".

Novamente cito o exemplo do filme "Ponte de Espiões" ("Bridge of Spies", 2015), em que o protagonista, interpretado pelo ator Tom Hanks, consegue um resultado aparentemente impossível em uma negociação com russos e alemães ao trocar dois americanos (um piloto da força aérea e um estudante) por um espião russo. No filme, fica claro que a sua persistência foi o fator decisivo para que ele conseguisse esse feito.

Poder da capacidade persuasiva

Para aumentar sua capacidade persuasiva, o negociador deve se colocar no lugar do outro e identificar o que precisa dizer para despertar nele a vontade de obter o que ele está propondo.

Precisa falar com clareza. Deve utilizar argumentos incontestáveis, como fatos e dados. Precisa identificar, compreender e atender às necessidades e aos desejos do outro e fazer suas propostas com base nisso. Para persuadir o outro, devem se tornar óbvios o valor daquilo que está sendo proposto e a relevância [10].

Poder da atitude

O negociador deve ver os encontros de negociação como jogos. Porque, no caso dos jogos, o negociador se preocupa com o resultado, mas não tanto. Quando não se preocupa tanto, o negociador mantém a sua perspectiva sobre a situação, seu foco, e consegue compreender melhor as manobras da outra parte. Ele fica menos tenso e ansioso e, assim, toma melhores decisões e favorece a manutenção de um ambiente mais leve e tranquilo entre as partes [10].

Também nas negociações, atitude é tudo. A maneira como o negociador trata as questões faz toda a diferença no resultado. Uma boa ilustração dessa situação é o filme "A Cruzada" ("Kingdom of Heaven", filme inglês, americano e alemão que foi lançado pela Twentieth Century Fox Film Corporation em maio de 2005 nos Estados Unidos, produzido por Scott Free Productions, Inside Track, Studio Babelsberg Motion Pictures GmbH e dirigido por Ridley Scott*). Em um determinado momento, aproximadamente na metade do filme, a cidade de Jerusalém, repleta de habitantes cristãos e alguns muçulmanos, é cercada pelo exército muçulmano comandado pelo sultão Saladino. Este queria reconquistar a cidade que havia sido tomada pelos cristãos nas Cruzadas, anos antes. O personagem Balian de Ibelin (representado por Orlando Bloom) assume o comando dos soldados cristãos para a defesa da cidade. O cerco dura vários dias e termina quando Saladino convida Balian para uma conversa, na qual tratariam da rendição dos cristãos. Balian começa a conversa com atitude altiva e firme, ameaça destruir todos os lugares santos da cidade e afirma que Saladino perderá todo o seu exército se prosseguir com a intenção de tomar a cidade. Ao final, ambos chegam a um acordo e Balian decide entregar Jerusalém em troca de salvo-conduto para todos os seus habitantes cristãos.

Saladino possuía um exército muito mais numeroso e bem armado do que Balian. Entretanto, a atitude deste e o interesse de Saladino em en-

---

* Fonte: Wikipédia.

trar para a história como o sultão que retomou Jerusalém fizeram com que um acordo mutuamente satisfatório fosse firmado.

Poder do compromisso

O negociador deve se lembrar sempre que afirmações, concordâncias e compromissos feitos em público, ou formalmente registrados, possuem grande força na efetivação de acordos. Esse é outro gatilho automático da mente humana: as pessoas tendem a cumprir aquilo com que se comprometem de forma voluntária, pública ou formal [10].

Assim, sempre que finalizar uma negociação importante, o negociador deve se empenhar para conseguir que as condições sejam divulgadas para as pessoas que estiveram envolvidas e que também sejam relevantes para a outra parte, por meio do registro em uma ata da reunião (sob a forma de documento ou de mensagem de e-mail, por exemplo).

Poder do consenso

Pessoas tendem a aceitar melhor as proposições que produzem o consenso (chancela coletiva) de outras pessoas cuja opinião é relevante [10]. Quando for necessário conseguir o apoio de um grupo de pessoas para atingir um objetivo, o negociador deve procurar cada componente do grupo isoladamente e obter sua aprovação prévia para aquilo que tem a propor. Essa ação aumentará as chances de que cada componente do grupo tenha uma posição favorável quando a proposta for apresentada formalmente ao grupo.

Além dessas, o professor Eugênio do Carvalhal indica outras fontes de poder relevantes [7]:

Poder coercitivo

Esta fonte de poder tem o medo como alicerce. O negociador com maior poder coercitivo influencia a outra parte a consentir e conceder, pois, caso contrário, esta receberá punições. No mundo organizacional, quem pode demitir, excluir, transferir, isolar e "congelar" expressa um exemplo claro desse tipo de poder [7].

Poder de conexão

Tem como base a amplitude, relevância e capacidade de influência da rede de relacionamentos do negociador no ambiente de uma organização ou fora dele. Se a outra parte perceber no negociador a capacidade de conseguir um benefício, ou evitar um custo (problema, restrição), por meio de conexões, ela estará mais propensa a consentir e fazer concessões [7].

Profissionais com grande experiência comercial em um segmento e os lobistas são exemplos típicos de pessoas que possuem esse tipo de poder, e conseguem "abrir portas" para outros interessados.

Poder de informação

Está baseado na detenção ou obtenção, pelo negociador, de informações consideradas relevantes pela outra parte. Essas informações podem ser: segredos, dados, fórmulas, análises, relatórios, estratégias, orientações, explicações etc. [7]

Um exemplo bem atual de alguém que mostrou esse tipo de poder é o do ex-funcionário da CIA, Edward Snowden, conforme apresentado em "Snowden – Herói ou Traidor" ("Snowden", um filme francês, americano e alemão, dirigido por Oliver Stone e lançado em novembro de 2016, produzido pelas empresas Endgame Entertainment, Krautpack Entertainment, Onda Entertainment e Vendian Entertainment, distribuído Open Road Films e no Brasil pela Walt Disney Studios Motion Pictures*), no qual ele vaza informações sigilosas da Agência de Segurança Nacional (*National Security Agency* – NSA) dos Estados Unidos.

---

* Fonte: Wikipédia.

Poder de referência

As características pessoais e profissionais de um indivíduo e seu poder de influência sobre outros, expressos na admiração e respeito que provocam, o fazem referência e razão para a formação de uma legião de seguidores [7].

1.3.8.2. A coleta e o uso da informação

Segundo Cohen [10], a informação é considerada a questão central para o êxito na negociação, pois recheia a mente do negociador com conteúdo que o apoiará no entendimento da situação e na tomada de decisões.

Quanto mais informações o negociador obtiver na fase do planejamento, mais bem preparado ele estará para compor o mosaico de informações relevantes à negociação, como: examinar o cenário; analisar a situação em que a outra parte se encontra (pode estimá-la consultando seus amigos, parentes, vizinhos, concorrentes, fornecedores, influenciadores, parceiros etc.); compreender detalhes sobre as pessoas envolvidas na negociação, seus motivos, interesses, perfis, valores e experiências, eventuais ressentimentos ou receios passados, táticas usadas em negociações anteriores; levantar características técnicas e mercadológicas sobre produtos e serviços das partes; histórico da relação; referências, prioridades, custos, prazos, necessidades, desejos e pressões pelas quais o outro está passando [10].

É essencial estar atento a toda informação transmitida pela outra parte desde muito antes da negociação propriamente dita começar. A coleta deve se iniciar o quanto antes, a fim de evitar que a outra parte se torne mais cuidadosa, pare de divulgar e proteja informações relevantes que poderiam facilitar a construção do mosaico (consolidação inteligente das informações) para o entendimento do caso.

Encontros informais são momentos valiosos para essa coleta de informações, seja com representantes da outra parte, seja com pessoas que se relacionam com elas. Esse processo de levantamento de informações se assemelha ao de uma investigação. O valor da informação se amplia se esta for coletada, analisada e consolidada no momento correto, antes que o limite do tempo se aproxime e dificulte sua obtenção.

O negociador deve se empenhar tanto para obter e dispor de informações relevantes para a negociação quanto para proteger as informações que se tornariam vulnerabilidades se caíssem nas mãos da outra parte [10].

O ponto máximo da estratégia é a dissimulação. Essa afirmativa também vale para muitos casos de negociação, principalmente para aquelas em que há forte dose de disputa. Na guerra pela informação, medidas para proteção das informações e contramedidas visando despistar a outra parte são importantes. Manobras do tipo "quando fraco, mostre-se forte; e quando forte, pareça fraco" são exemplos. Ao manobrar dessa maneira, o negociador pode confundir o outro lado e levar alguma vantagem na negociação.

Muitas vezes, a máxima da filosofia Tao, de que "o silêncio é uma grande fonte de força", de Lao Tzu, pode ser também importante na disputa por informação.

1.3.8.3. Use o tempo a seu favor

Há duas considerações sobre o tempo que são importantes para todos os negociadores:

- O tempo passa no mesmo ritmo para todos.
- O tempo é o que se tem.

Com isso em mente, o bom negociador precisa compreender de que maneira a gestão do tempo pode afetar o processo da negociação e, então, se preparar para usar o tempo a seu favor [10]. A negociação não deve ser vista como um evento formal, onde início e fim são limitados e rígidos. Sempre existe um prazo para as decisões e ações, embora este não deva ser revelado à outra parte.

É comum que as principais ações e concessões ocorram nos momentos finais, ou mesmo após o prazo inicialmente imaginado ou estabelecido. Por esse motivo, é muito importante que o negociador seja paciente e mantenha a calma [10].

Se o negociador tem a postura de cumprir prazos e está se aproximando o limite de tempo que estabeleceu para a negociação – seja por mero estabelecimento de prazo, seja porque a hora do próximo compromisso se aproxima – sem que nada de concreto tenha sido acordado, é comum demonstrar ansiedade e nervosismo. Se esses comportamentos forem facilmente percebidos pelo outro, pode ficar difícil para o negociador alcançar os seus objetivos na negociação [10]. Além disso, nessas situações, o negociador tende a se tornar impaciente e a tomar decisões precipitadas.

Imagine a seguinte situação: um gerente tem suas férias marcadas para uma determinada época, já está com as passagens compradas para levar a família a um local dos sonhos e sabe que isso só acontecerá se ele cumprir uma etapa de um grande projeto da companhia. Essa etapa envolve a contratação de um profissional especializado em banco de dados e de uma empresa prestadora de serviços de fornecimento e instalação de banco de dados. Obviamente, conforme o prazo do início das férias vai se aproximando, a tendência é que o gerente fique cada vez mais ansioso e se torne mais flexível para resolver as contratações logo. Se as outras partes (profissional e a empresa de banco de dados) descobrirem isso, podem levar vantagem na negociação, procrastinando passos da negociação, que aumentarão a aflição do gerente e farão com que ele acabe por ceder em exigências, o que não aconteceria se ele não estivesse pressionado pelo tempo. O gerente sabe ainda que, se demorar e tiver que adiar as férias, terá outras negociações para realizar com a família.

Paciência é uma grande virtude em qualquer negociação. Quando o negociador consegue administrar sua ansiedade, se mantém calmo e até demonstra certa indiferença em relação ao tempo, pode conseguir que a pressão passe para o outro lado. Vale destacar novamente que a dissimulação é uma estratégia importante quando se trata da gestão do tempo na negociação. Quem sabe o limite do tempo do outro costuma levar vantagem na negociação, razão pela qual o bom negociador nunca deve revelar o seu [10].

Cabe uma última recomendação sobre a gestão do tempo em negociações, especialmente quando o fechamento do acordo for muito importante para o negociador: negociações demoradas podem se tornar cansativas e tirar o ânimo da outra parte.

2. Um breve passeio pela competência interpessoal: fator decisivo nas negociações

O bom negociador deve ser um perito em relacionamento. Saber lidar com o outro é uma habilidade essencial durante todo o processo de negociação. Cada pessoa é única e compreender o que se passa na cabeça dela, como percebe as situações, suas emoções, crenças, valores, padrões de conduta, receios, expectativas, necessidades e sonhos, e saber lidar com tudo isso constitui uma grande vantagem para o negociador.

Não existe uma fórmula mágica para estabelecer relacionamentos e muito menos para conduzi-los. Mas, com boa vontade e interesse genuíno na outra pessoa, é possível aprender como se comportar diante do outro e usufruir de técnicas bastante úteis no processo de influência e de negociação. Como afirma o professor da Harvard Business School Michael Wheeler, "o modo como negociamos ao longo do processo ajuda a estabelecer o que acontecerá no final" [35].

As causas mais comuns de problemas nos relacionamentos envolvem as diferentes percepções que as pessoas têm em relação à realidade, às emoções, a como as coisas funcionam, à comunicação interpessoal e aos outros [23].

Durante o processo de negociação, no momento em que os envolvidos se reúnem para começar a negociar determinado acordo, essa questão se torna ainda mais relevante. Em geral, os envolvidos estão mais sensíveis, nervosos, ansiosos, costumam tomar decisões e reagir mais com a emoção do que com a razão. Para conseguir alcançar seus objetivos, se tornam capitais ao bom negociador os atributos da competência interpessoal.

O professor Stuart Diamond, da Wharton Business School, reforça essa ideia por meio da afirmativa de que interações são baseadas em percepções e emoções [11]. Ele considera que fazer uma conexão genuína com a outra parte e identificar quais "imagens estão na cabeça dela" são passos mais eficazes do que empregar qualquer outra técnica de negociação, sobretudo no início da interação. A partir daí, será mais fácil para o negociador escolher quais as melhores técnicas de negociação a empregar.

Daniel Kahneman, professor de Psicologia da Universidade de Princeton, que recebeu o Prêmio Nobel de Economia em 2002 pelos estudos e descobertas relacionados à tomada de decisões, diz ainda que, ao simplesmente olhar para a outra pessoa sentada à mesa, no início de uma negociação, o negociador conclui rápida e instintivamente sobre seu estado atual, se ela está com raiva, nervosa, com medo, tranquila ou alegre e projeta como ela pode agir durante a interação (futuro próximo). Funciona como uma premonição sobre como essa pessoa está e como se comportará nos próximos minutos, e isso é conseguido automaticamente e sem esforço. Nesse caso, o negociador está usando o que ele chamou de Sistema 1 [19]. Esse sistema funciona de forma automática e de maneira rápida, mais impulsiva, com o emprego de pouca ou nenhuma energia e nenhuma percepção de controle voluntário: é inconsciente. E é isso que ocorre durante as interações. Por isso é tão importante desenvolvermos essa habilidade de como lidar com o outro.

Adiante, comentarei mais sobre as descobertas do professor Daniel Kahneman relativas ao outro sistema da mente: o Sistema 2. Este diz respeito ao "eu consciente", que possui e trabalha com as crenças e valores, usa muito o raciocínio, escolhe o que pensa e decide o que vai fazer acerca de algo. Exige mais atenção, consome mais energia, concentração e é mais lento. É usado quando o cérebro lida com situações ou atividades mais complexas, em que, para encontrar a solução ou tomar uma decisão, a pessoa precisa de mais tempo e concentração [19]. A compreensão sobre esses sistemas contribui muito para que o negociador consiga "decifrar" a outra pessoa e negociar melhor.

2.1. Valorize as habilidades de comunicação, sobretudo saber escutar

Os melhores negociadores se empenham para se manter atentos durante toda a interação. Perguntam e ouvem mais, se preocupam em parafrasear, confirmam o entendimento do que a outra parte está falando com o propósito de assegurar que todos compreenderam o sentido do que foi dito. Bons negociadores, portanto, são exímios ouvintes e escutam ativamente antes de decidir. Eles fazem isso porque sabem que, na maioria das vezes, os problemas de comunicação ocorrem quando as pessoas [23]:

- Não verbalizam com clareza e de forma a serem compreendidas.
- Não escutam ou distorcem o que escutaram (falha de interpretação), ou ainda interrompem a audição por deduzirem ou pressuporem o que será falado pela outra parte no decorrer da conversa.
- Generalizam o que escutam.
- Deixam-se afetar por suas próprias memórias, crenças, valores e prioridades.

A melhor forma de influenciar as ideias dos outros é conhecer quais são essas ideias. Para tanto, é importante estimular e manter a outra parte falando. Isso pode ser feito por meio de *feedback* verbal, fazendo pequenas afirmações, seguidas de perguntas abertas e pedidos para que o outro fale mais, demonstrando interesse em realmente escutar o que ele tem a dizer. Também pode ser feito por meio de *feedback* corporal, acenando levemente com a cabeça – mostrando concordância – de vez em quando, enquanto o outro indivíduo fala. Essa atitude de escutar ativamente, aliada ao ato de dar e receber *feedback* verbal e corporal, cria um clima muito positivo para a interação, possibilita entender quais são as ideias da outra parte, favorece a influência mútua e facilita o processo de negociação.

A técnica de manter a outra pessoa falando torna o interlocutor uma pessoa mais agradável, e é uma dica que pode ser usada em outros tipos de interação, como em eventos sociais, festas, recepções, reuniões, entrevistas etc. De maneira geral, as pessoas gostam de falar de suas experiências e se sentem valorizadas com isso, atribuindo ao outro a qualidade de serem interessantes e bons conversadores, mesmo sendo elas as protagonistas da conversa.

Outro ponto que vale ressaltar é que o resultado da comunicação não é o que o emissor diz ao outro, mas, sim, a interpretação que o receptor faz do que foi dito pelo emissor. Por isso é fundamental que o transmissor se assegure de que o receptor escutou e compreendeu corretamente o que foi dito. Isso pode ser feito por meio de confirmações do entendimento.

Identifique quais são as barreiras mais comuns à comunicação. Elas devem ser evitadas para não interromper o processo da negociação e não gerar mais obstáculos e estresse. Em seu livro "People Styles at Work and Beyond", o consultor e doutor Robert Bolton ressalta algumas barreiras muito relevantes [4]:

- Julgar e criticar o outro.
- Rotular ou estereotipar o outro de maneira negativa.
- Expressar diagnósticos sobre a outra pessoa quando não solicitado ou bem-vindo.
- Fazer elogios não genuínos.
- Mudar constantemente o rumo da conversa.
- Falar de forma autoritária, dar ordens.
- Ameaçar.
- Aconselhar quando não solicitado ou bem-vindo.
- Questionar em demasia.

2.2. Seja assertivo ao falar

Outro ponto igualmente importante e recomendável é que o negociador seja franco, assertivo, firme e, ao mesmo tempo, amável e construtivo com as pessoas. Afinal, essas são características que contribuem, sobre-maneira, para gerar confiança no outro.

Assertividade é a capacidade da pessoa se expressar de maneira clara, honesta e franca, sem ser agressiva e sem gerar constrangimentos ao outro. A pessoa assertiva age no seu interesse, defende-se e faz valer o que acredita que sejam seus direitos, com tranquilidade, sem negar os direitos do outro. Expressa seus pensamentos, sentimentos, necessidades, preferências, vontades e opiniões de maneira direta, honesta e apropriada, demonstra segurança, sabe o que quer e qual objetivo pretende alcançar. É corajosa e proativa. E respeita o direito do outro de escolher, de discordar, de dizer não, de cometer erros e de afirmar suas necessidades e desejos [24].

O indivíduo assertivo conversa mantendo contato ocular – olha nos olhos –, se posiciona de frente para o outro, com as mãos aparentes e a cabeça ereta, e usa expressões faciais e corporais consistentes com a mensagem que está transmitindo. Como é franco e direto, o assertivo transmite confiança para o outro. E isso é fundamental, pois se não houver confiança mútua entre as partes será muito mais difícil que o negociador consiga influenciar o outro, dificultando o alcance de seus objetivos.

Os outros estilos de comunicação são o passivo, o agressivo e o manipulador [24]. É importante conhecê-los para que o negociador saiba com quem está lidando. Embora, em geral, não seja recomendado, podem acontecer situações em que seja necessário ao negociador variar seu estilo e valer-se de outro.

O passivo é aquele que tem a ver com o "perdedor", o que aceita o que os outros impõem sem se contrapor; permite que o outro "invada seu território" sem se posicionar de forma contrária e contundente. Geralmente, recua e aceita, se acovarda e submete, e se posiciona como "dominado". Tem demasiada preocupação com os outros e pouco compromisso com a transparência e consigo mesmo. Comumente, as pessoas com esse perfil se isolam e não demonstram suas necessidades e opiniões [24].

O agressivo, por outro lado, desconsidera o direito do outro e pouco se importa em gerar constrangimento. Fala o que pensa, expõe o outro e "invade o seu território" (físico e/ou psicológico), sem qualquer cerimônia. Quer fazer valer os seus interesses a todo custo, desconsiderando o direito dos demais. Geralmente, tem olhar intenso, postura ereta e, às vezes, inclinada para frente, fala de maneira direta e contundente e interrompe o outro com frequência. É comum as pessoas "fugirem" dos agressivos por medo ou para evitar desgastes [24].

O manipulador é aquela pessoa que não respeita o outro nem tem compromisso com a verdade, com a honestidade ou com a transparência de linguagem. Gosta de jogar com o outro, é mais "estudada", fala o que é necessário e usa a linguagem como disfarce para alcançar seus objetivos. Emprega com frequência uma linguagem pouco direta para comunicar as suas intenções, recorrendo à insinuação como forma de manipular. Se precisar, se vale da chantagem emocional para atingir seus objetivos pessoais. Costuma gerar desconfiança nos outros e é vista como uma pessoa falsa e perigosa [24].

A expressividade da fala é um excelente instrumento de influência e de negociação. O professor Francisco Bittencourt, da Fundação Getúlio Vargas, afirma que, dependendo da atitude e da forma como o negociador se expressa, o resultado pode ser favorável ou não. Algumas práticas de comunicação, relacionadas por ele e que devem ser também evitadas, são [3]:

- Escolher mal as palavras (pedantes, muito técnicas, grosseiras, obscenas, impróprias).
- Falar rápido demais.
- Empregar um volume de voz alto demais, baixo demais ou monocórdio.
- Distrair-se e não prestar a atenção no outro durante a conversa.
- Não dar *feedbacks* verbal e corporal durante a interação, que demonstrem interesse pelo outro.
- Expressar-se de maneira contundente, que seja percebida pelo outro como provocação.

- Exagerar no discurso técnico.
- Demonstrar conhecimento em excesso.
- Usar um discurso vago, superficial, sem conteúdo.
- Demonstrar arrogância ou um ar de deboche.
- Gerar aflição ou ansiedade no interlocutor, dificultando a escuta e interpretação.
- Escutar e interpretar mal o que o outro diz.

2.3. Estabeleça *rapport* e desenvolva a autoconsciência

O *rapport*, ou sintonia entre as pessoas, pode ser definido como a habilidade para ler, interpretar, acompanhar e conduzir os estados emocionais do outro e, ao mesmo tempo, se deixar conduzir. O professor Mestre Sandro Carlos Pereira afirma que se trata de uma dança rítmica onde ambos conduzem e são conduzidos. Tem um valor fundamental para o aprimoramento da competência interpessoal e para o desenvolvimento de relacionamentos duradouros, pois para ser influente é preciso escutar ativamente e estar em sintonia com o outro. Isso torna alguns indivíduos capazes de conduzir outras pessoas de forma altruísta, moral e ética.

A empatia é a base da inteligência emocional e é descrita pelo psicólogo americano Daniel Goleman como a mais importante capacidade que o indivíduo possui para estabelecer relacionamentos maduros. "A empatia alimenta-se da autoconsciência; quanto mais abertos estamos para nossas emoções, mais hábeis seremos na leitura de sentimentos" [14].

A autoconsciência é a chave para estabelecer *rapport*. Pessoas conscientes de seus próprios estados emocionais têm clareza quanto ao que sentem e são empáticas, ou seja, possuem a capacidade de se colocar no lugar do outro e com isso conseguem ler as emoções mais sutis. Quanto mais o indivíduo está aberto para suas emoções, maiores serão as possibilidades de leitura dos sinais inconscientes das outras pessoas.

Uma das maneiras eficazes de desenvolver a autoconsciência é respondendo a Inventários de Autoconhecimento e Desenvolvimento (IAD). Exemplos desses inventários são: os Estilos Sociais e de Gestão, de autoria de David Merril e Roger Ride, e o Modelo de Dominâncias Cerebrais, de autoria de Ned Herrmann [17], entre outros. A partir do autoconhecimento, a pessoa passa a reconhecer seu próprio estilo de relacionamento e, com treinamento e prática, adquire a habilidade de identificar o estilo do outro. De posse dessas duas informações, torna-se possível ao negociador adaptar temporariamente o seu estilo pessoal para atender ao do outro, estabelecendo então o *rapport*.

Novamente, vale ressaltar que essa habilidade também é muito valiosa para o estabelecimento de quaisquer relações com outras pessoas, mesmo em situações distintas de negociações, como eventos sociais, reuniões de trabalho, entrevistas, trabalhos em equipe etc.

2.4. Utilize múltiplas perspectivas

Para agir com empatia, o negociador deve buscar o entendimento da situação problema a partir de três perspectivas: a dele própria, a do outro e a de uma posição neutra. Quanto mais perspectivas o negociador tiver, mais opções ele criará, e isso facilitará, inclusive, a compreensão dos interesses e das necessidades das partes e, por conseguinte, o alcance de resultados mutuamente satisfatórios na negociação.

2.5. Saiba lidar com as emoções do outro e mantenha o autocontrole emocional

Durante negociações mais "quentes" é comum os ânimos se alterarem e ser necessário ao negociador uma ação voltada a acalmar o outro, reduzindo a ansiedade e até mesmo interrompendo o processo para que as partes se recomponham. Isso compreende parar por um intervalo pequeno para tomar um café ou até mesmo remarcar o encontro para o dia seguinte.

A forma como o negociador expressa seus sentimentos e emoções durante a negociação influencia as emoções do outro, podendo gerar raiva, repulsa, alegria, simpatia, medo, tristeza, desapontamento ou arrependimento e impactar o relacionamento e a receptividade a ideias e propostas. O que uma pessoa sente pela outra determina como interpretará suas ações. Um mesmo ato pode ser avaliado de diferentes formas. Se alguém tem um sentimento positivo em relação ao outro, tende a ser mais complacente e buscar pontos positivos no que ele fez. Se o sentimento é negativo, a reação é contrária, a rejeição aumenta e a tolerância diminui [34].

2.6. Aceite e saiba lidar com diferenças

Negociadores são indivíduos únicos, com suas crenças e valores próprios, culturais e regionais, seus traços de personalidade, formação, religião, entre outros, e tudo isso influencia a percepção que têm sobre os fatos e sobre a comunicação interpessoal. O comportamento é a parte visível de um intrincado e complexo processo que se passa internamente na mente do indivíduo. Assim, para compreender e saber lidar com os comportamentos da outra parte, o negociador precisa descobrir o que influencia a percepção dela e quais são as possíveis diferenças entre eles.

2.7. Mantenha-se flexível

Outra qualidade do bom negociador é manter-se flexível e agir como a água, que corre para o seu destino contornando os obstáculos sempre que necessário. Essa é uma atitude que qualifica o negociador e o auxilia na superação das objeções e no alcance dos resultados desejados. Ou seja, o negociador deve ser firme nos seus interesses, mas suave e flexível com as pessoas.

Para um melhor entendimento sobre como o ser humano se relaciona e visando facilitar ao negociador "decifrar" o outro, sugiro o modelo de estilos de relacionamento interpessoal, apresentado a seguir.

2.8. Estilos sociais de relacionamento interpessoal

A busca por decifrar as pessoas remonta a 370 a.C., com Hipócrates, o pai da medicina moderna, e perdura até os dias atuais [4]. A partir dos anos 1960, quando os pesquisadores David Merrill e Roger Ride passaram a contar com o apoio dos sistemas computacionais, grandes avanços puderam ser constatados. Os cientistas identificaram duas dimensões básicas, a assertividade e a emotividade, que formam os quatro estilos sociais de relacionamento interpessoal.

O modelo dos estilos sociais distingue-se de outros por sua orientação para o comportamento e não para a personalidade. Vale lembrar que por comportamento entende-se aquilo que se faz e que se pode observar, abrangendo os atos verbais e os não verbais [4].

Com base no modelo proposto pelos pesquisadores, Robert e Dorothy Bolton estabelecem que assertividade é o quanto a pessoa é vista pelos outros como vigorosa, diretiva e transparente. Não reflete necessariamente sua motivação ou qualidades internas [4].

Já o nível de emotividade de uma pessoa está ligado à quantidade de emoções e sentimentos que um indivíduo manifesta e o quanto demonstra se preocupar com os sentimentos dos outros em suas relações interpessoais. Está relacionado com a percepção do quanto o comportamento do indivíduo é visto como expressivo ou emotivo [4].

Para facilitar a compreensão do modelo de estilos sociais, observe as diferenças de comportamento entre pessoas mais e menos assertivas, e mais e menos emotivas.

INDICADORES DE ASSERTIVIDADE E EMOTIVIDADE

Menos assertivos	Mais assertivos
Movimentam-se e gesticulam mais devagar	Movimentam-se mais rápido
Falam menos e mais devagar	Falam e decidem mais rápido
Evitam expressar opinião	Falam mais e mais alto
Evitam conflito	Mantêm-se com a postura ereta
Deixam os outros tomarem a iniciativa	São mais enfáticos para expressar opiniões
Demoram mais a decidir	Pressionam por decisões
São menos orientados para risco	Tomam a iniciativa
Estabelecem contato ocular menos intenso	São mais orientados para riscos
Demonstram menos energia	Impacientes e ansiosos
Exercem menos pressão por decisão	Estabelecem contato ocular mais intenso
	Querem influenciar e controlar os outros
	São mais propensos a confrontar
Menos emotivos	**Mais emotivos**
Têm gestos mais controlados, são mais reservados	Gesticulam muito e se movem com mais liberdade
Mostram menos expressões faciais	Mostram mais expressões faciais
Parecem mais sérios	São mais amigáveis e adoram conversar e contar histórias
São mais formais para se vestir	São menos formais, gostam de brincadeiras
Possuem mais foco em fatos	Permitem mais intimidade
Não gostam de intimidade, nem de "conversa mole"	Vestem-se de maneira mais informal
Possuem mais foco em tarefas do que em pessoas	São mais orientados para pessoas
Gostam mais de trabalhar sozinhas	Gostam mais de trabalhar em equipe
São mais disciplinados	São mais respeitosos e tradicionalistas
Administram melhor seu tempo	São mais focados em sentimentos
	São menos disciplinados
	Têm maior dificuldade de gerir o tempo
	São mais lentos para tomar decisões

Fonte: adaptado de BOLTON; BOLTON, 2009 [4].

Agora, confira os quatro estilos sociais [4]:

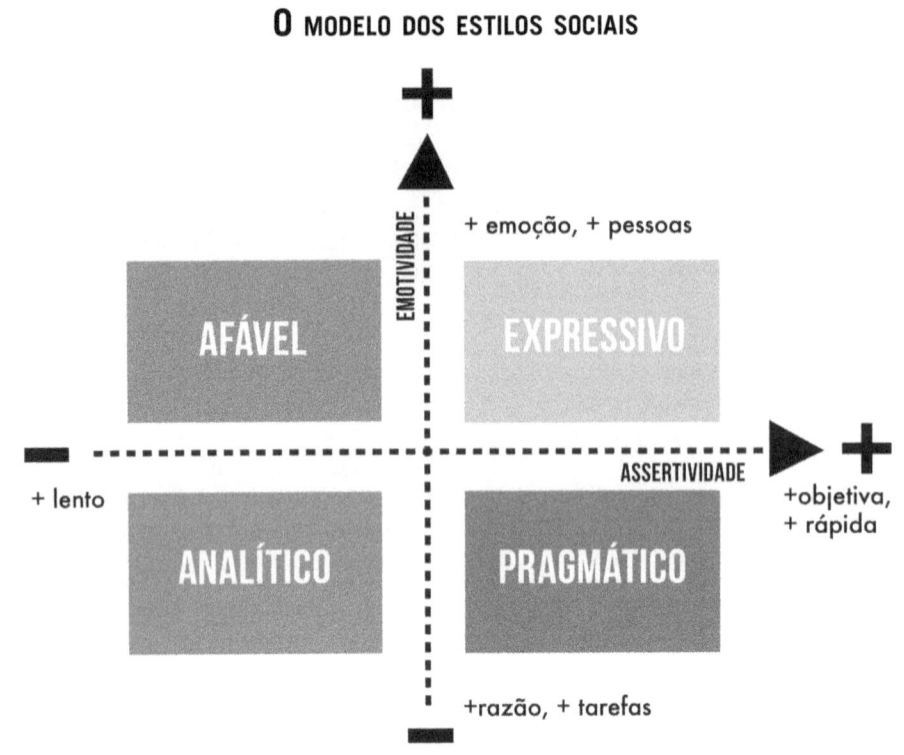

Fonte: adaptado de BOLTON; BOLTON, 2009 [4].

Confira as características de cada estilo.

a) Pragmático

É um executor eficiente, um cumpridor de planos e tarefas.

Decidido, autoritário, controlador e tenso.

Anda pisando duro, com postura ereta e os ombros para trás.

É extremamente autoconfiante. Age rápido, pensa depois.

É objetivo, sucinto e competitivo, muito orientado para resultados. Prefere falar do que escrever. É geralmente pouco detalhista. Não revela muito seus sentimentos.

Decide rápido e decide sozinho (referência interna). Não gosta de indecisão e não se importa em mudar de opinião. É mais imediatista.

Muito exigente, gosta de soluções rápidas.

Adora tomar providências e colocar ordem nas coisas.

Fala rápido e em alto volume. Não gosta de desculpas, detesta perder tempo e esperar.

Não gosta de intimidade nem de chamar a atenção em público.

Age sempre com rapidez, é impaciente e não presta muita atenção ao que os outros falam.

Cerca de 25% das pessoas têm a predominância deste estilo.

Vestimenta: prefere praticidade, cores neutras e discretas.

Seu escritório é organizado, prático, simples, sem ostentação, com todos os recursos necessários para desempenhar bem o seu trabalho.

PONTOS POSITIVOS E NEGATIVOS DO ESTILO PRAGMÁTICO

PONTOS POSITIVOS	PONTOS NEGATIVOS
Assertivo	Pressionador
Independente	Severo
Prático	Impaciente
Decidido	Dominador
Eficiente	Agressivo

Fonte: BOLTON; BOLTON, 2009 [4].

Como agir com os que têm predominância do estilo Pragmático:

- Seja rápido e objetivo.
- Traga soluções para os problemas e dê respostas seguras.
- Conheça bem o que vai propor e as condições comerciais.
- Não busque intimidade.

b) Expressivo

Líder, carismático e autêntico, domina as situações.

É criativo, entusiasmado, futurístico e sonhador. Tende a ser visionário. Gosta de quebrar regras e de mudar o rumo das coisas.

É agitado, impulsivo e questionador. É comum agir rápido e pensar depois. É também voltado para resultados.

Geralmente decide sozinho. Suas emoções e intuição pesam nas suas decisões.

Gosta muito de improvisar e pouco de planejar.

Não administra o tempo com rigidez. É conhecido por chegar frequentemente atrasado às reuniões.

É entusiasmado perante o novo e impaciente frente ao já conhecido. Bom no diálogo, é extrovertido, gosta de contar histórias e adora se divertir. Gosta de relacionamentos.

Gosta de resolver problemas, de empreender, de coordenar e desenvolver projetos difíceis.

Aprende melhor por meio de provocações, histórias, metáforas e exemplos. Aprecia ser autodidata.

Motiva e envolve as pessoas usando seu poder de sedução, convencendo-as a se engajar em seus projetos.

Empenha-se para se diferenciar perante os outros. Gosta de chamar atenção, fala com todo mundo, é bem-humorado e entusiasmado.

É vaidoso, geralmente muito perspicaz e adora elogios.

Gosta de novas tecnologias e de novidades. Adora novas experiências, novos projetos e inventar soluções.

Lida bem com conflitos e com incerteza.

Cerca de 25% das pessoas têm a predominância deste estilo.

Vestimenta: se veste bem, com estilo e cores da moda. Gosta de ostentar, de usar acessórios de marca: canetas, relógios, joias.

PONTOS POSITIVOS E NEGATIVOS DO ESTILO EXPRESSIVO

PONTOS POSITIVOS	PONTOS NEGATIVOS
Ambicioso	Manipulador
Motivador	Arrogante
Criativo	Indisciplinado
Ousado	Reativo
Líder	Egoísta
Espontâneo	

Fonte: BOLTON; BOLTON, 2009 [4].

O Expressivo e o Pragmático são muito objetivos, por isso se dão bem. Porém, o Pragmático considera o Expressivo fútil, muito vaidoso e com vontade de chamar a atenção exacerbada; já o Expressivo enxerga o Pragmático como aquele indivíduo que só sabe trabalhar e que não se diverte.

Como agir com os que têm predominância do estilo Expressivo:

- Seja eficiente e rápido.
- Traga novidades e mostre entusiasmo. Seja levemente informal.
- Escute com atenção, valorize as ideias do Expressivo e faça elogios genuínos.

c) Afável

É afetivo, paciente, tradicionalista.

É informal, observador e gosta de estar sempre cercado por outras pessoas.

Manifesta seus sentimentos e pensamentos de maneira espontânea.

Sempre atento para o relacionamento com as pessoas e para ajudar na solução dos problemas dos outros. Gosta muito de trabalhar em equipe. Usa mais a diplomacia.

Olhar caloroso e atento, fala e gesticula muito. É um excelente ouvinte.

Gosta de atenção. Permite maior intimidade. Confia nos outros.

Sensível, amistoso, paciente, incentivador, se sente bem em cooperar e se preocupa com as condições de trabalho dos demais.

No aspecto negativo, é mais preocupado com a realização dos outros do que com o resultado do trabalho.

Tem dificuldades para dizer não e lidar com conflitos.

Tem receio de não ser aceito pelos demais e também de que alguma atitude sua seja mal interpretada pelos outros.

É sempre sorridente e fica feliz quando agrada a todos.

É mais lento para tomar decisões e geralmente usa referência externa.

Aprecia contar histórias da família, dos amigos, de seu animal de estimação etc.

Vestimenta: cores alegres e acessórios (brinco, colar etc.).

Pontos positivos e negativos do estilo Afável

PONTOS POSITIVOS	PONTOS NEGATIVOS
Cooperativo	Indulgente
Apoiador	Inseguro
Diplomático	Prolixo
Paciente	Dependente
Leal	Carente

Fonte: BOLTON; BOLTON, 2009 [4].

Como agir com os que têm predominância do estilo Afável:

- Dê atenção. Seja sensível e mostre preocupação com as pessoas.
- Mostre seu lado emocional.
- Estabeleça uma relação de confiança.

d) Analítico

Detalhista, metódico, muito organizado, inspira confiança e credibilidade.

Adora planejar e elaborar cronogramas, tabelas, gráficos, mapas, normas e procedimentos. Gosta de detalhes técnicos e precisão. Prefere trabalhar sozinho.

Quanto mais informação receber, melhor. Entende de números, de dinheiro e de investimentos. Adora dados, fatos e detalhes.

Aparência séria, sem graça, evita o olhar direto. É persistente, impessoal e acentuadamente correto, inspira confiança e credibilidade.

É geralmente quieto, calado e muito observador, crítico e cético. Difícil de agradar. Guarda emoções e sentimentos dentro de si.

Lento para tomar decisões, é bastante cauteloso.

Não gosta de intimidade.

Guarda todos os papéis em pastas e envelopes.

Considera o presente como uma consequência do passado e a base para o futuro.

É formal, não fala gíria, gosta de ser tratado por senhor, doutor etc. Emprega a norma gramatical correta.

Vestimenta: usa cores neutras e tons pastéis.

PONTOS POSITIVOS E NEGATIVOS DO ESTILO ANALÍTICO

PONTOS POSITIVOS	PONTOS NEGATIVOS
Organizado	Crítico
Persistente	Indeciso
Sério	Cético
Preciso	Formal
Confiável	Frio
Prudente	

Fonte: BOLTON; BOLTON, 2009 [4].

Como agir com os que têm predominância do estilo Analítico:

- Faça referência a fatos e dados, forneça números e informações.
- Seja paciente, não insista muito.
- Não fale demais e jamais busque intimidade.

Importante:

- O modelo de estilos sociais é voltado para as situações nas quais o indivíduo está interagindo com outras pessoas. Não necessariamente o modelo se aplica em situações em que a pessoa está sozinha (exemplo: correndo, lendo etc.).
- Todas as pessoas usam uma combinação dos quatro estilos e, geralmente, um deles predomina.
- Cada um desenvolve o seu próprio perfil de uso desses estilos.
- Os estilos são detectados pela observação do comportamento.
- É possível adaptar ou modificar temporariamente o próprio estilo para atender ao estilo do outro.

Fonte: adaptado de BOLTON; BOLTON, 2009 [4].

Durante o processo de negociação, quando o negociador identifica o estilo social do interlocutor e flexibiliza seu próprio estilo para torná-lo semelhante ao do outro, ambos entram em sintonia. Ao estabelecer *rapport* com alguém, a outra parte passa a perceber o negociador como uma pessoa inteligente, confiável e perceptiva. Isso ocorre de forma inconsciente. O *rapport* propicia a redução de eventuais resistências. Consequentemente, aumentam as chances de fechar bons negócios e de solucionar conflitos.

2.8.1. Como decifrar o outro

Para empregar o modelo dos estilos sociais, o negociador necessita:

a) Conhecer o seu próprio estilo social de relacionamento.
b) Identificar pessoas próximas a ele que possuam estilos predominantes bem marcantes. Para cada um dos quatro estilos, ele deve escolher uma pessoa que represente esse estilo com clareza, para servir de referência, e memorizá-lo.
c) Observar a pessoa de quem deseja decifrar o estilo e procurar associar o estilo dela ao de uma das quatro pessoas que memorizou como referência. A confirmação requer um processo contínuo de observação e verificação das características.
d) Ter disposição para observar bem e escutar o outro até conseguir identificar o estilo dele.
e) Assumir o compromisso consigo mesmo de desenvolver essa habilidade de identificação do estilo de pessoas de interesse, como também com a sua flexibilidade pessoal. Vale ressaltar que flexibilizar seu estilo não é sugerir uma mudança na essência do negociador.

Sendo a negociação um processo que envolve o relacionamento, quanto mais competência interpessoal o negociador tiver, maiores serão as chances de fechamento de acordos mutuamente satisfatórios.

2.9. Metaprogramas ou programas internos do cérebro

Além dos estilos sociais, o negociador deve dirigir atenção para os metaprogramas (modelos mentais internos) de seus interlocutores. Ao serem trabalhados ao longo da interação, aumentam o poder de influência e facilitam a comunicação [15].

Metaprogramas são filtros programados no cérebro que estabelecem como o ser humano percebe o mundo ao seu redor. Esses filtros afetam a realidade interna, que é construída na mente humana a partir da percepção do indivíduo sobre a realidade externa. Essa interferência produz determinados comportamentos relacionados à comunicação interpessoal. Segundo Anthony Robbins [29], alguns metaprogramas importantes são:

1. Uso da referência interna ou externa

Pessoas que utilizam mais a referência interna decidem na maioria das vezes sozinhas, sem pedir opinião a outras pessoas. São mais difíceis de convencer e de aconselhar. Já as pessoas que empregam com mais frequência a referência externa gostam de pedir a opinião dos outros. De fato, precisam da opinião de outras pessoas para se sentirem mais confortáveis para tomarem decisões.

2. Foco na possibilidade (ganho, conveniência) ou na perda (escassez, custo, dificuldade, desvantagem)

Algumas pessoas possuem maior foco nas possibilidades. Durante a conversa, ao serem apresentadas a uma situação, buscam novos ganhos e demonstram sua orientação para novos projetos, novas opções ou novos desafios. Já as pessoas que possuem foco na perda se preocupam com o que podem deixar de ganhar ou quais problemas ou limitações terão com o que está sendo mencionado.

3. Tendência a alinhar ou a opor

Alguns indivíduos prestam atenção à conversa e procuram pontos de concordância. Outros buscam pontos de discordância, para ressaltá-los e se opor a eles. Costuma ser mais fácil para o negociador lidar com pessoas que têm a propensão a alinhar do que com as que têm tendência a se opor. Para argumentar com aquela que tende a contrapor, o negociador precisa reforçar durante a conversa que a ela caberá a decisão, esperar que ela "baixe a guarda", para então, com rapidez, argumentar sobre a opção que lhe parece melhor.

4. Interesse pelo geral ("big picture") ou por detalhes

Há quem prefira ter uma visão geral de uma situação, de um projeto, de um problema ou de uma proposta. Outras, ao contrário, gostam de se aprofundar nos detalhes. Cabe ao negociador ser flexível para navegar entre esses dois limites – o interesse por detalhes e a preferência por nenhum – entendendo e atendendo ao perfil da outra parte.

5. Rápido ou devagar

Há indivíduos que são mais apressados, sentem conforto nas ações rápidas. Acham que os que pensam muito, que procuram explicação para tudo, são mais prolixos e, geralmente, perdem a paciência e se irritam com eles.

Outros preferem evoluir com os assuntos e suas atividades de maneira mais lenta, com mais tempo para examinar, planejar, executar, verificar e controlar. Preocupam-se com os detalhes, com a qualidade e precisam se sentir seguros para avançar.

O negociador também precisa saber identificar essa característica para adaptar o seu discurso, identificar o melhor ritmo para a conversa, o momento em que precisa apresentar suas propostas para evitar ser percebido como rápido demais ou como demasiadamente lento.

6. Apreciação pelo processo ou pela conclusão

Esse metaprograma reúne semelhanças com o anterior. Para algumas pessoas, o processo de qualquer ação ou decisão (de uma viagem, por exemplo) é detalhado e acompanhado com prazer. Para estes, cada momento curtindo a experiência causa satisfação. Já outros, mais orientados para o momento da chegada, ligam pouco para a jornada e querem chegar ao final, à conclusão. Para eles, parece que o processo é simplesmente o meio para alcançar o destino. O negociador também necessita levantar essa peculiaridade, visando não estressar a outra parte com o tempo mais demorado ao longo do processo, nem ir rápido demais e dificultar a experiência da outra parte durante a negociação. Dependendo do perfil do outro, o negociador pode até levar vantagem pelo conhecimento do metaprograma, atuando de maneira a gerar impactos sobre a gestão do tempo de negociação da outra parte.

7. Motivação pelo progresso ou pelo esforço que ainda falta

Alguns indivíduos são mais atentos ao que já cumpriram de uma tarefa (ex.: 30% da tarefa já foi executada). Outros já são mais influenciados pelo esforço que ainda resta a ser feito (ex.: está acabando, só falta mais 30% da tarefa para finalizar). Em geral, as pessoas se motivam mais pela menor quantidade, seja de progresso ou do esforço para acabar. Entretanto, cabe ao negociador observar esse metaprograma e utilizá-lo ao longo do processo para estimular o outro a concluir a negociação quando lhe interessar.

8. Orientação para o passado ou para o futuro

Certas pessoas sempre recorrem à memória do passado para tomar decisões no presente e no futuro. Outras são menos influenciadas pelo que passou e mais voltadas para os ganhos ou perdas no futuro. Se o negociador conseguir identificar esse traço, poderá aumentar seu poder de influência sobre a outra parte nas comparações e argumentações.

———

Até aqui, eu tive a preocupação de organizar o conhecimento atual sobre as duas primeiras bases da negociação – competência técnica e competência interpessoal – para facilitar a compreensão e utilização dos conceitos e das técnicas durante as situações de negociação. A partir desse ponto, com o propósito de trazer algo novo e de impacto nas negociações, entro efetivamente no que considero um salto de eficácia e de inovação para as negociações, adicionando novas descobertas ao processo, bem como ferramentas e táticas inéditas.

Vamos abordar a seguir algumas descobertas relevantes da neurociência e do neuromarketing e aprofundar um pouco mais a compreensão sobre o funcionamento do cérebro humano.

3. A neurociência e o neuromarketing: as novas ferramentas do conhecimento humano

O professor e pesquisador Pedro de Camargo [5] define o comportamento humano assim:

> "Em termos científicos, o comportamento pode ser visto de várias maneiras. Para a Psicologia, ele é o próprio objeto de estudo, é a conduta, procedimento ou o conjunto das reações observáveis em indivíduos em determinadas circunstâncias. Para a Biologia, este termo significa todas as ações dos seres vivos. Para a Antropologia, são os aspectos da cultura necessariamente que se referem ao organismo humano. Na Sociologia, são as atividades dos grupos humanos".

Este mesmo autor ressalta que, em geral, o comportamento é um sistema dinâmico e vivo que deve ser analisado tanto por uma perspectiva externa – um "olhar de fora" – que considera as ações e reações do ser humano ao que acontece no ambiente em que está situado, estudada pela Antropologia, Sociologia e Psicologia, como sob o ponto de vista interno ("olhar interno"), em que o comportamento é decorrente de uma ação do sistema nervoso em resposta a mudanças do meio externo. Este último ponto de vista, que é estudado pela Biologia e a Neurologia, consolida a atuação do inconsciente, dos processos automáticos e instintivos.

Em conclusão, é possível inferir que para uma melhor compreensão do comportamento humano faz-se necessária uma visão holística e mais assertiva do problema, que contemple ambas as perspectivas, externa e interna. Este é, a meu ver, o desafio dos neurocientistas.

A compreensão do comportamento humano, em especial o que influencia o ser humano a tomar essa ou aquela decisão, é muito importante no contexto da negociação.

Assim, para entender melhor como o indivíduo faz suas escolhas, pode-se tomar como base os estudos conduzidos pelos neurocientistas relativos à anatomia do cérebro humano e à fisiologia do comportamento. Eles consolidaram a análise da atividade cerebral e Pedro de Camargo [5] as descreve a partir de quatro regiões cerebrais, conforme a seguir:

1. O neocórtex

Região mais nova do cérebro humano e onde se localiza a área pré-frontal, chamada de córtex pré-frontal, responsável pelo pensamento racional e as habilidades de planejamento e previsão [5]. O neocórtex é o grande administrador do cérebro e estão a seu cargo julgar, controlar, organizar e planejar o comportamento, assim como a análise da situação, a determinação de objetivos futuros, o planejamento sobre o que fazer e a linguagem. Tem também a função de gerenciar a capacidade de pensar antes de agir ou de dizer algo, além da capacidade de concentração. É essa área que permite que o indivíduo freie impulsos e meça as consequências dos atos e das palavras expressas. É responsável por sentir, regular e expressar as emoções [28] (o processamento das emoções está a cargo do sistema límbico, conforme será visto mais adiante).

Em seu livro "As três mentes do Neuromarketing", o professor Marcelo Peruzzo afirma que o neocórtex ocupa 76% do cérebro e é dividido em quatro lobos principais: frontal, parietal, occipital e os temporais [28]. O lobo frontal cuida da concentração, do julgamento, da tomada de decisão, da memória, da resposta emocional, do controle de impulsos, da linguagem, dos movimentos voluntários e da consciência (o entendimento do ser humano sobre o que está fazendo no ambiente).

O lobo parietal tem como atribuições aspectos sinestésicos, como a percepção da dor, a sensação de temperatura e o tato, a consciência do corpo e onde este se situa no ambiente [28].

O lobo occipital, que fica na parte de trás do cérebro, é o responsável pelo processamento da informação visual, das cores, do movimento e da percepção de profundidade. O fato de ter um lobo específico para a visão confirma a relevância desse sentido na percepção do mundo pelo ser humano. Este fato e seu impacto sobre a negociação serão tratados novamente mais adiante neste trabalho [5] [28].

Os lobos temporais são também muito importantes, pois atuam nas habilidades auditivas, no aprendizado, na interpretação da linguagem e no comportamento. Estão localizados na parte lateral do cérebro. Responsáveis pela identidade do indivíduo, bem como pela relação deste com outras pessoas, registram as imagens da vida e os fatos passados que afetam as ações que o ser humano executa.

O lobo temporal esquerdo cuida da compreensão e do processamento da linguagem, do processamento de percepções visuais e auditivas, além da gestão de memórias de médio e longo prazos. Já o direito relaciona-se à compreensão dos variados tons vocais, à sensibilidade ou talento para contemplar, conhecer, criar e tocar música, à leitura de expressões do rosto humano e à aprendizagem por meio de imagens [5].

2. Sistema límbico

Abrange o tálamo, o hipotálamo, a amígdala do cérebro (gera e processa emoções), a área septal e o hipocampo (memórias de longo prazo). É a área que adiciona e processa as emoções ao comportamento humano. Este sistema influencia fortemente a conduta humana, pois armazena lembranças emocionais, seleciona o que é mais importante e interpreta o que acontece no ambiente externo. Destaque para o tálamo, que recebe estímulos sensoriais e emocionais e os distribui pelo cérebro, especialmente para o neocórtex. Esta área está relacionada ainda à motivação e ao impulso, e é de onde vem a disposição para agir. Desempenha a função de centro de comunicação do cérebro [5] [28].

3. Gânglios basais

São estruturas localizadas no centro do cérebro e que associam emoções e sentimentos com pensamentos e movimentos físicos. São responsáveis pelo controle da ativação do córtex pré-frontal. Isso afeta diretamente a vontade de agir e, consequentemente, a motivação. É responsável pela produção da dopamina, um neurotransmissor que gera prazer no ser humano e, portanto, impacta o processo de recompensa e vício. Têm influência direta nas escolhas e no comportamento humano [5].

4. Giro do cíngulo

Está localizado na região mais profunda do córtex. É encarregado de permitir mudanças de foco, de um ponto para outro, mudanças de ideia, bem como possibilitar que os indivíduos percebam opções e, principalmente, tenham flexibilidade mental para adaptar-se e comportar-se de maneiras distintas de acordo com diferentes situações do ambiente. É a região que lida com os problemas da vida. Cuida ainda da geração de atitudes cooperativas, essenciais para que o ser humano viva em sociedade [5].

OS LOBOS DO CÉREBRO HUMANO

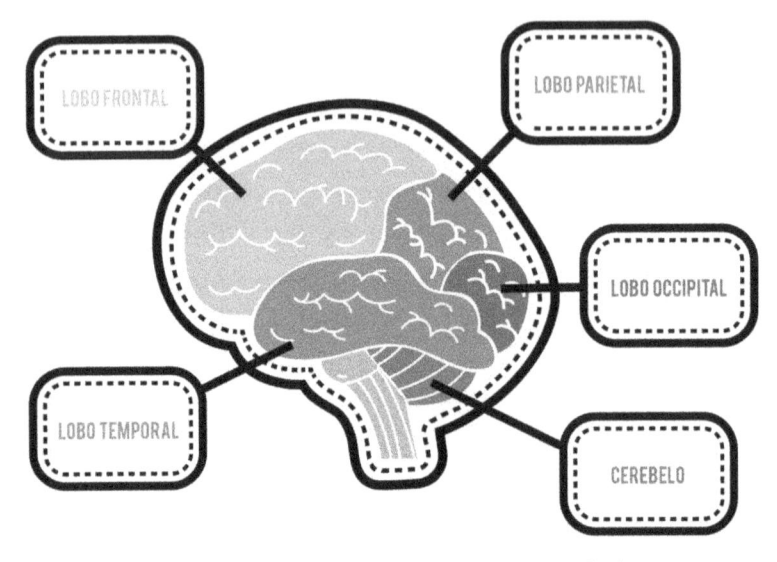

Fonte: adaptado de MLODINOW, 2012, p. 33 [25].

3.1. O inconsciente, o instinto e suas implicações sobre o comportamento humano

A psicologia evolucionista explica que o ser humano moderno, assim como seus ancestrais, é conduzido, sobretudo, pelo instinto. De acordo com Pedro de Camargo, "o ser humano é um ser instintivo dotado de inteligência". A natureza humana nos dotou de comportamentos inconscientes, instintivos, cujo foco é a sobrevivência e a reprodução. Esse aspecto é essencial para o entendimento do comportamento humano de decisão e escolha – e, inclusive, de compra [5] [25].

As ações inconscientes são aquelas atitudes tomadas sem que o homem pense ou reflita antes, cujo processamento não passa pelo córtex pré-frontal. O inconsciente influencia o comportamento humano, atuando em paralelo com os processos conscientes, sem, entretanto, determiná-lo. Por isso, os neurocientistas decidiram estudar essa combinação e sua influência na capacidade de decisão. O inconsciente não é uma área do cérebro; diz respeito à maneira como alguns eventos mentais são processados quando a consciência não está ligada [5] [25].

Os processos automáticos e os instintos, por exemplo, são ativados de forma inconsciente em um cérebro mais primitivo chamado de **reptiliano** e também no cérebro límbico, que processa as emoções. Exemplos são as mãos suarem quando se está estressado e o batimento mais forte do coração quando se está com medo. Como destaca Camargo [5]:

> "O cérebro não precisa de permissão para agir; ele o faz sempre que o corpo necessitar, sempre que estiver em perigo. Os processos automáticos nos ajudam na defesa e no ataque, na fuga, na mudança ambiental brusca e em toda e qualquer situação que possa colocar o corpo em risco. Os processos automáticos são inteligentes, sagazes e eficientes. É a sabedoria do corpo".

Esses processos são muito importantes para a negociação, pois, por acontecerem inconscientemente, afetam a tomada de decisões e, portanto, serão novamente abordados mais à frente neste livro.

O professor Daniel Kahneman considera esses processos como parte do Sistema 1 da mente, conforme apresentado anteriormente. Ele relaciona em seu livro [19] alguns exemplos de atividades automáticas que são realizadas pelo Sistema 1:

- Perceber que um objeto está mais distante do que outro.
- Captar uma fonte de som que apareça subitamente, sobretudo um estrondo.
- Reagir a alguma ameaça antes de reconhecê-la.
- Detectar antipatia ou hostilidade na face e no tom de voz de uma pessoa.
- Perceber a entrada ou saída de uma pessoa no ambiente falando alto ou de forma ofensiva.
- Fazer associações rápidas (pensar em Roma quando a capital da Itália é citada).
- Ler palavras em outdoors.
- Dirigir o automóvel em uma rua tranquila.
- Compreender sentenças simples.
- Reconhecer padrões fáceis em pessoas, como a paixão pelo detalhe ou a ansiedade por uma decisão rápida.

A maior parte das ações do homem, no dia a dia, é inconsciente [5] [25]. É como se a sua vida fosse comandada por um piloto automático. A razão disso é que o cérebro não conseguiria gerenciar tudo ao seu redor, todos os milhares de estímulos que recebe por dia, por isso permite que várias ações e procedimentos atuem no modo automático.

Como destaca Pedro de Camargo, "o instinto é um processo inconsciente". Os instintos são uma herança dos antepassados, que trazem registro de experiências bem-sucedidas e de outras malsucedidas. Juntos, esses registros formam uma espécie de guia primitivo interno para a tomada de decisões. Nos primórdios, o ser humano era orientado pelo instinto, sobretudo no objetivo de assegurar as já mencionadas sobrevivência e reprodução. O cérebro reptiliano comandava as ações. Com o passar do tempo, o cérebro límbico passou a atuar também, agregando emoções ao processo. Em sequência, o córtex entrou em operação e adicionou racionalidade ao processo mental, fazendo com que o homem passasse efetivamente a gerenciar suas emoções e instintos [5] [25].

Acredita-se, por exemplo, que boa parte de uma decisão de compra seja instintiva, favorecendo ou resistindo a uma escolha em detrimento de outra [5]. A compra por impulso, estudada pelo marketing, é um exemplo da influência do instinto. O mesmo vale para outras escolhas.

3.1.1. As três partes do cérebro e seus personagens: um resumo facilitador

Em seus estudos, o neurologista Paul MacLean desenvolveu a teoria do cérebro trino, concluindo que o cérebro humano é, na verdade, composto de três cérebros e não de um só [28]. Os três cérebros, que operam como se fossem três computadores interconectados, são: o neocórtex, o sistema límbico e o cérebro reptiliano. Para resumir essa teoria e facilitar a compreensão do negociador comum – aquele que não possui conhecimento mais aprofundado a respeito do cérebro e de suas áreas e funções –, o professor Marcelo Peruzzo associou essas três regiões do cérebro a personagens ilustrativos conforme apresentados a seguir [28]. Esta segmentação também é mencionada por Leonard Mlodinow [25].

- O cérebro que **pensa** – o **neocórtex** – é responsável pelo consciente, pelas análises, pelo raciocínio, pela inteligência, pela ponderação, pelo juízo de valor e por avaliações, pela capacidade de escolha, pelas justificativas, pela linguagem, pela criatividade, pela previsibilidade e pela genialidade. Foi chamado por ele de "Einstein" e é responsável por apenas 5% das decisões humanas (os 95% restantes das decisões ficam ao encargo da "Princesa" e do "Macaco", outros personagens que serão vistos a seguir). Os seres humanos são os que possuem esse cérebro, além de alguns mamíferos mais novos [28].

- O cérebro que **sente** – o **sistema límbico** – é responsável pelas emoções e pelos sentimentos, pelos estados emocionais positivos (alegria, felicidade e prazer) e negativos (raiva, tristeza, repulsa), pela satisfação e pela insatisfação. Foi denominado de "Princesa". Tem um papel importante para os estudos do neuromarketing e do comportamento humano [28].

- O cérebro que **reage** – o **reptiliano** – é responsável pelas decisões por impulso, as inconscientes, os instintos e as reações automáticas. Seus principais estímulos são pela reprodução e pela sobrevivência. É comandado pela "Princesa" e foi chamado por Marcelo Peruzzo de "Macaco". O sentido mais usado pelo "Macaco" é a visão e seu aprendizado se dá, principalmente, por meio de erros e acertos, recompensas e punições. Esse aspecto é importante nos processos de negociação e de tomada de decisões [28].

O CÉREBRO TRINO

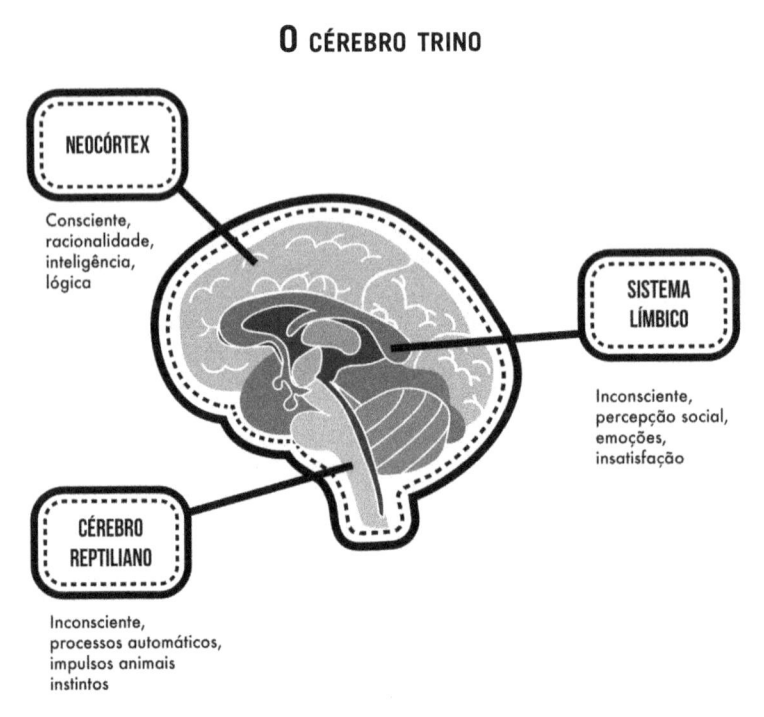

Fonte: o autor.

Apesar da capacidade de raciocínio, a maior parte das ideias e das soluções vem da "Princesa" e do "Macaco", e não do "Einstein". Quando este último se dá conta, as ideias e soluções já foram processadas inconscientemente antes de aparecerem para ele [28].

Estabelecendo uma correlação entre as descobertas da neurociência e as do professor Daniel Kahneman, a "Princesa" e o "Macaco" estão relacionados ao Sistema 1, e o "Einstein" ao Sistema 2. É importante notar que ambos se confirmam.

A título de ilustração, seguem algumas atividades realizadas pelo Sistema 2 [19] e que podem ser associadas ao "Einstein":

- Concentrar a atenção em um artista do circo.
- Prestar atenção ao que uma pessoa específica está falando, em um ambiente repleto de pessoas e barulhento.
- Procurar por uma mulher grávida na rua.
- Contar as ocorrências da letra "e" em uma página de um livro.
- Preencher um formulário.
- Realizar uma pesquisa no Google.
- Dizer a alguém o seu contato (número de telefone, de celular e/ou endereço de e-mail).
- Procurar por nomes começados pela letra "n" em uma lista.
- Comparar duas propostas, considerando vários atributos (preço, forma de pagamento e detalhes técnicos).
- Autocontrole, ou seja, tentar controlar seus próprios pensamentos e comportamentos.
- Avaliar qual opção traz maior risco, como parte de um processo de decisão.

Nenhuma dessas atividades será benfeita, ou até mesmo executada, se for interrompida ou se a atenção for desviada. Da mesma maneira, por exigir esforço e atenção (o ser humano tem capacidade de atenção limitada), a pessoa terá muita dificuldade de conduzir várias delas ao mesmo tempo [19].

Segundo Kahneman, em situações normais, quando tudo funciona calmamente, na maior parte do tempo o Sistema 2 segue as sugestões do Sistema 1, introduzindo pouca ou nenhuma alteração. Com frequência, o ser humano segue seus instintos, acredita em suas impressões e segue suas vontades [19] automaticamente e com pouco esforço mental, sendo, portanto, conduzido pela "Princesa" e pelo "Macaco".

3.1.2. Falando sobre neuromarketing

A Dra. Sandra Inácio, renomada professora e autora, conceitua neuromarketing como sendo "a combinação de neurociência, marketing e tecnologia". Ressalta que é por meio de estudos nessas três áreas do conhecimento que cientistas, empresários, profissionais de marketing e de vendas buscam desvendar como funciona o cérebro do seu cliente, para que consigam vender mais e instantaneamente [18].

Para os pesquisadores Nick Lee, Amanda J. Broderick e Laura Chamberlain, em artigo publicado em 2007 no *International Journal of Psychophysiology*, neuromarketing é "a aplicação de métodos neurocientíficos para analisar e entender o comportamento humano em relação aos mercados, a mensagens e às trocas em marketing" [21].

O professor Marcelo Peruzzo avança na definição de neuromarketing enfatizando as contribuições práticas por meio de ações de marketing. "Neuromarketing é a união da neurociência com o marketing, com o propósito de mensurar estados mentais conscientes e inconscientes do consumidor, transformando esse conhecimento em possíveis ações de marketing" [28].

Se o cérebro humano funciona principalmente no piloto automático, e aproximadamente 95% do processamento das informações relacionadas ao que o indivíduo faz e decide acontece de maneira inconsciente e irracional [25] [28], pode-se concluir que não é eficaz que profissionais de marketing se baseiem somente na observação dos consumidores, em perguntas sobre o que eles sentiram e o que os motivou a comprar algo ou a repetir a compra, ou mesmo a escolher esta marca ou aquela, porque eles não saberiam responder.

O aprimoramento desse processo foi possível nos últimos anos com o avanço de tecnologias da neurociência e sua utilização com foco no marketing. Estudos sugerem, por exemplo, que a tomada de decisão que ocorre durante processos de negociação para uma compra contém duas partes: a primeira é mais orientada para a recuperação da informação na memória, identificação e reconhecimento do problema (necessidade ou desejo); e a segunda é associada com a própria decisão de compra em si e à busca de informação relacionada ao produto, ao serviço ou a qualquer outra ação de caráter econômico [5] [28].

Marcas familiares (chamadas "âncoras") produzem padrões cerebrais diferentes do que as marcas desconhecidas [1] [5]. Esse conhecimento – que pode ser do produto, da marca, de algum produto similar ou até mesmo de algum produto ou serviço complementar, que seja apresentado em conjunto – vai governar todo o processamento mental para o ato de escolha, agindo como uma referência ("ancoragem"). O ser humano tem a tendência de se apoiar fortemente em âncoras para decidir sobre um produto ou uma marca.

O acompanhamento da atividade cerebral com eletrodos mostra que o córtex parietal direito é ativado quando a pessoa opta por algo familiar, o que indica que a escolha é, pelo menos parcialmente, intencional e o comportamento, influenciado por experiências anteriores (âncoras) [1] [5].

Nos estudos desenvolvidos pelo doutor e pesquisador Dan Ariely [1], ele constatou que quando a pessoa vai comprar algo desconhecido, como um novo produto ou mesmo uma marca que ainda não conhece, esta revela uma tendência em fazer comparações entre produtos e marcas ainda não conhecidos, buscando algum tipo de vantagem relativa para, dessa maneira, construir juízos de valor. Isso leva a crer ainda que o preço seja relativo e não se constitua em um atributo que possa ser calculado racionalmente, levando em conta características e benefícios.

Graças à iniciativa do médico e pesquisador da Universidade de Harvard Gerald Zaltman, que no final dos anos 90 utilizou aparelhos de ressonância magnética para a compreensão das reações no interior do cérebro humano quando este está diante dos estímulos de marketing, foi possível desvendar alguns segredos da mente, surgindo assim o termo neuromarketing [36].

O neuromarketing pode ser empregado tanto para pesquisas internas e externas às organizações quanto para pesquisas de comportamento de compra com viés mais comercial, visando à compreensão sobre como o ser humano reage ao que lhe é mostrado [21] [22]. É fato que o neuromarketing não contempla todas as atividades do marketing, mas tem seu foco principal em tornar as pesquisas do segmento (preferência, comparação, escolha, satisfação etc.) mais precisas e em aumentar a efetividade da comunicação de marketing e das ações promocionais [5] [22].

3.1.2.1. *Métodos e tecnologias de pesquisa aplicadas ao neuromarketing*

Diversas técnicas vêm sendo testadas e empregadas com o objetivo de identificar e medir alterações nas regiões do cérebro. Essas regiões são ativadas durante experimentos, seja por meio do aumento do fluxo sanguíneo ou por intermédio de medição e acompanhamento de variações nos sentidos, geradas pelo próprio cérebro. Sem pretender esgotar o assunto, o quadro a seguir apresenta uma relação de técnicas e sua aplicação.

TÉCNICAS DE NEUROMARKETING

Técnica	Sigla	Medida física	Aplicação da medição
Imageamento por Ressonância Magnética Funcional	fMRI	Nível de oxigenação do cérebro	Verifica quais são as regiões do cérebro mais ativas por meio da medição de alterações na oxigenação do sangue no cérebro
Tomografia por emissão de pósitrons	PET	Desoxiglicose radioativa/ Radiofármacos	Atividade metabólica/ Fluxo sanguíneo cerebral
Magneto-encefalograma	MEG	Campos magnéticos	Atividade neural
Resposta galvânica da pele	GSR	Resistência elétrica	Excitação do sistema nervoso autônomo
Eletroencefalograma	EEG	Ondas elétricas	Mede a atividade elétrica sincronizada a estímulos comportamentais
Face reading		Leitura de expressões faciais não verbais	Identifica emoções reveladas na face dos consumidores
Rastreador ocular (*Eyetracking*)		Plota a direção do olhar em primeiro, segundo e terceiro lugares	Atenção visual – Importância relativa entre objetos e posições
Perfis salivares		Predominância de hormônios	Nível de satisfação para ações mercadológicas
Eletromiografia facial (*Facial Electromyography*)	fEMG	Intensidade de ativação dos músculos faciais decorrentes de emoções	Reações a anúncios televisivos publicitários
Skin Conductance	SC	Mudanças de condutância na pele	Ativação do sistema nervoso geral
Volume do pulso sanguíneo	BVP	Fluxo de sangue nas capilaridades	Batimento cardíaco, intervalo entre batidas
Taxa respiratória	RR	Contração e dilatação torácica e abdominal	Variação respiratória
Funcional Near Infrared Spectroscopy	fNIRS	Níveis de oxigenação do sangue no decorrer da atividade cerebral	Reações a anúncios televisivos publicitários
Zaltman Metaphor Elicitation Technique	ZMET	Estuda as metáforas que os consumidores utilizam para expressar seus pensamentos e sentimentos, especialmente com imagens	Pesquisas individuais, em profundidade, para identificar os significados ocultos contidos em suas metáforas. Relaciona marca com experiências e emoções, fantasias, divertimento

Fonte: adaptado de PERRACHIONE; PERRACHIONE, 2008 [27], e INÁCIO, 2012 [18].

3.2. As *neurotáticas*: técnicas da neurociência e neuromarketing aplicadas à negociação

A partir do estudo da neurociência e do neuromarketing, pude aprofundar o entendimento sobre como suas descobertas podem adicionar mais eficácia e qualidade à negociação, trazendo impactos contundentes, tanto em relação ao fechamento dos acordos quanto sobre os resultados propriamente ditos.

Assim, durante meu longo estudo, identifiquei as ferramentas e técnicas que considero mais relevantes e adequadas à negociação, relacionando e priorizando sua aplicação em exercícios e situações reais.

Ao perceber sua real eficácia, passei a organizar os resultados para confirmação estatística, conforme apresentarei mais adiante. Denominei essas táticas (ferramentas e técnicas, oriundas das descobertas da neurociência e do neuromarketing, bem como de outros estudos da mente, que foram por mim aplicadas ao processo de negociação) de *neurotáticas*.

As *neurotáticas* são, portanto, técnicas e táticas a serem aplicadas durante o processo da negociação especialmente durante as duas primeiras fases, de planejamento e de execução, para obtenção de melhores resultados.

3.2.1. *Neurotática* 1: as forças gêmeas da dor e do prazer

Estudos confirmaram que 95% das decisões humanas são inconscientes, isto é, são comandadas pelas áreas emocional e reptiliana do cérebro [5] [28]. Assim, o foco principal e prioritário do ser humano é evitar a "dor" (problema, escassez, necessidades, perda de oportunidades etc.) devido à preocupação com a sobrevivência.

A dor e o prazer constituem-se de forças gêmeas que são a base para a tomada de decisões [28]. Se um indivíduo acredita que outra pessoa possa, de algum jeito, lhe fazer algum bem, ajudá-lo, ou lhe fazer algum mal, prejudicá-lo, seja física, financeira ou psicologicamente, esta outra terá poder sobre ele [10].

Em negociações, esta é certamente uma das formas mais eficazes de persuasão. Ao mencionar possibilidades de prazer, ganhos, recompensas ou vantagens, um gatilho mental automático fará com que sua proposta pareça ser mais atraente. Ao associar probabilidades de dor, perda, sofrimento, punição e desvantagem à escolha de outras opções ou à perda de uma oportunidade se adiar uma decisão, outro impulso acelerará a decisão para evitá-las. Essa é uma reação do cérebro reptiliano ao instinto de sobrevivência. Como afirma Pedro de Camargo: "o medo da perda é maior do que o prazer do ganho" [5].

O apelo ao medo pode ser empregado pelo negociador como mais uma forma de dor para estimular a outra parte a identificar inconscientemente riscos e consequências negativas por não aceitar a proposta que está fazendo.

Da mesma forma que o medo, o sentimento de culpa é outra forma de dor, pois tem um apelo para o lado negativo. Violar crenças e padrões sociais e culturais, bem como quebrar regras, gera um sentimento negativo que atormenta as pessoas. Como destaca Shimp, "os apelos para a culpa são poderosos porque motivam as pessoas emocionalmente maduras a tomar ações responsáveis, levando a uma redução no nível de culpa" [30].

O negociador pode se valer do seu conhecimento sobre este impacto e usar o apelo à culpa para incentivar a outra parte a aceitar sua proposta. A fim de influenciar emocionalmente a outra parte para tomar a decisão que ele deseja, o negociador pode, na fase de planejamento, identificar correlações entre a situação da negociação e possíveis transgressões passadas ou futuras de um indivíduo e deixar implícito que, ao optar por sua proposta, qualquer sentimento de culpa será extinto [30].

Finalmente, o emprego simultâneo de ambas as forças – "dor" e "prazer" – torna-se um gatilho ainda mais poderoso e eficaz. Dessa forma, na fase de planejamento, é essencial ao negociador identificar o que gera "prazer" no outro e quais são as possíveis "dores" que este quer evitar, e os medos e culpas dos quais quer se livrar [29].

Conclusão: no início da negociação, a fim de deixar a outra parte mais preocupada e propensa a aceitar o que deseja, identifique seus "pontos de dor", atuais e potenciais, ressaltando possíveis perdas que ela terá se escolher outro caminho que não o de seu interesse. Ao longo da conversa, "pressione" esses pontos de dor, intensificando as suas implicações sobre a vida do outro. Em um momento posterior, na etapa de apresentação de propostas (fase de execução), apresente o que está propondo como soluções para os pontos de dor. Ao final da negociação, assegure-se novamente de que o que você está propondo seja percebido pela outra parte como solução para amenizar e/ou eliminar suas "dores", medos e sentimentos de culpa.

Ao falar de sua proposta, o negociador deve se concentrar nos efeitos dela sobre a outra pessoa (foco no impacto sobre o outro, nos ganhos que ele obterá e nas soluções para a "dor" dele), em vez de enfocar na proposta em si (substância) ou nos seus próprios interesses ou opiniões. O estímulo da dor é bem mais intenso do que a busca por recompensas, por "prazer" e ganhos [16].

3.2.2. *Neurotática* 2: razões emocionais

A decisão de compra é afetada pelo ambiente em que a pessoa vive. Sua família, lembranças e outros fatores sociais e emocionais, como a sensação de se tornar mais notado, de se sentir importante e de fazer parte de grupos de interesse, têm influência. Muitas vezes, para se sentir importante, poderoso e demonstrar que possui autonomia, o indivíduo toma decisões com maior viés emocional [18].

Conclusão: na fase de planejamento, pense em razões emocionais para que a outra parte tome a decisão que lhe interessa na negociação. Durante a negociação, explore essas razões por meio de perguntas e se valha fortemente delas em sua argumentação. Além disso, examine também as razões lógicas e racionais para que a outra pessoa escolha a opção que lhe interessa, pois ela precisará dos argumentos racionais para justificar para si mesma e para outros a sua decisão emocional.

Fazendo referência às metáforas relativas aos três cérebros, vistas anteriormente neste livro [28], se o "Macaco" e a "Princesa" decidirem por uma opção (razão emocional) em vez de lutar por outro caminho que lhe pareça mais adequado, é mais provável que o "Einstein" se empenhe em identificar razões lógicas para justificá-la.

Exemplos de razões emocionais que podem influenciar a aceitação de sua proposta, quando atreladas a ela, são [20]:

- Como a proposta contribuirá para tornar a vida do outro (e/ou daqueles que ele representa) mais fácil e mais tranquila, possibilitando mais tempo livre para outras atividades mais prazerosas.
- Como a aceitação de sua proposta assegurará ao outro que ele será sempre ouvido, atendido (por você ou por quem você representa) em suas necessidades, desejos e expectativas, respeitado e tratado com dignidade.
- Que, ao aprovar a sua proposta, o outro está estabelecendo uma relação (com você ou com quem você representa) madura, confiável e satisfatória.
- Que, ao aceitar a sua proposta, o outro será percebido como uma pessoa inteligente, competente, diferenciada e, por isso, se sentirá importante perante as pessoas que o cercam.
- Que, ao aceitar sua proposta, ele passa a fazer parte de algum grupo especial com o qual se identifique.
- Que, ao aceitar sua proposta, ele conseguirá manter seu emprego ou cargo, ou mesmo terá possibilidades de ascensão profissional.

- Que, ao aceitar sua proposta, ele evitará problemas futuros e agravamentos, reduzirá incertezas e riscos pessoais e/ou da família e/ou do negócio.
- Que, ao aceitar sua proposta, ele alcançará satisfação de suas necessidades e aquelas de outras pessoas que dependem dele.
- Que, ao aceitar sua proposta, ele conseguirá sustentar o que já possui.

3.2.3. *Neurotática* 3: princípio da relatividade entre as coisas

Como afirma Dan Ariely, professor de Economia e Comportamento da Duke University, "seres humanos raramente escolhem coisas em termos absolutos" [1]. A maior parte das pessoas precisa ver em contexto, necessita comparar bens ou objetos para decidir o que quer. Isso vale para produtos, serviços, pessoas e também para coisas subjetivas, como atitudes, emoções e pontos de vista [1]. Essa descoberta funciona muito bem para situações de negociação.

Observe a próxima figura. Contém dois círculos iguais que em contexto parecem possuir tamanhos distintos.

RELATIVIDADE DAS COISAS

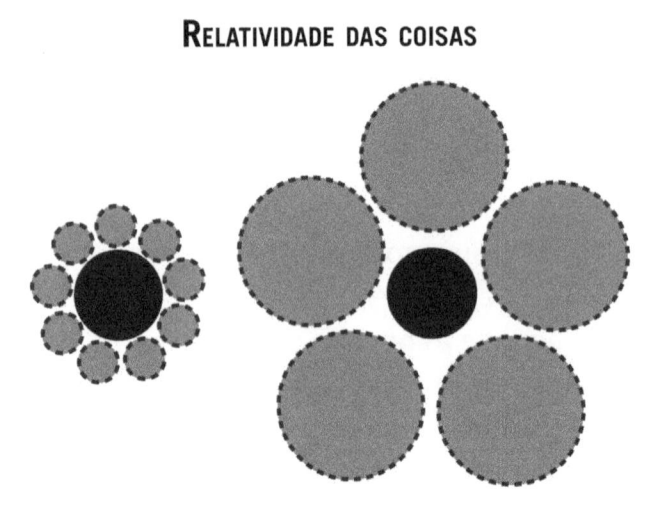

Fonte: adaptado de ARIELY, 2009, p. 7 [1].

Dan Ariely cita em seu livro "Predictably Irrational" (2009) exemplos em que a comparação entre produtos facilita a compreensão e escolha. Por outro lado, ressalta a dificuldade da pessoa tomar uma decisão quando o produto ou serviço oferecido é novo ou é apresentado sozinho sem mostrar referências para comparação [1]. Essa revelação serve para as propostas a serem feitas durante as negociações.

A associação de uma nova opção ou marca a outras já conhecidas, e com uma percepção de qualidade ou de preço já estabelecida, faz com que a primeira passe a ser considerada com a mesma percepção das demais. Esse efeito se chama **ancoragem**, se dá nas escolhas e decisões e está relacionada à tendência humana de se apoiar em uma informação anterior que se apresenta no momento da decisão. A relatividade está em toda parte e acelera o processo de tomada de decisões [1].

<u>Conclusão</u>: leve sempre em conta essa necessidade de comparação e apresente sua proposta em perspectiva, ou seja:

1. Faça contraste da sua proposta com outras opções, em relação às quais a sua é superior. Contraste é muito bem percebido pelo cérebro reptiliano [16]. Durante a negociação, use o poder do contraste, ressaltando o problema do outro ("dor") no início da conversa e os ganhos obtidos ("prazer") depois de fechado o acordo ou resolvida a dificuldade, com cumprimentos pela escolha e ênfase sobre a superioridade de sua proposta em relação a outras possibilidades.

2. Associe a sua proposta a outras opções que são consideradas muito superiores/valiosas pela outra pessoa. Por esse motivo, marcas conhecidas são preferidas, pois essa associação é mais fácil e rápida [1].

3.2.4. *Neurotática* 4: princípio da relatividade aplicado a preço

O mesmo conceito descrito na *neurotática* 3 se aplica à negociação que envolve preço. Há uma situação a considerar: a grande maioria das pessoas escolhe o produto com o preço do meio ou o segundo mais caro [1]. Assim, o negociador deve posicionar o preço da opção que ele quer vender no meio de outros dois, uma alternativa mais simples e outra mais sofisticada. Isso é mostrado no exemplo a seguir, do professor Dan Ariely:

Opção A: $ 250,00
Opção B: $ 350,00 (objetivo de vendas)
Opção C: $ 500,00 (uma mais cara e mais completa)

Conclusão: se você só tiver inicialmente duas alternativas, vale adicionar uma terceira opção (opção C), mais completa e com um preço 50% maior, para aproveitar a tendência gerada por esta *neurotática*.

Um exemplo clássico dessa aplicação acontece na tabela de preços da pipoca nas lanchonetes dos cinemas. Os sacos de pipoca de tamanhos diferentes são apresentados com pequenas diferenças de preços e a maioria das pessoas opta pelo tamanho do meio (ou o segundo maior).

3.2.5. *Neurotática* 5: o poder das imagens

Como destaca Leonard Mlodinow, "33% do cérebro é dedicado ao processamento da visão, por meio do lobo occipital" [25]. E ele acrescenta:

> "Isso acontece porque, seja caçando ou coletando, um animal que vê melhor come melhor e evita o perigo com mais eficácia, portanto vive mais. Como resultado, a evolução cuidou para que cerca de 1/3 do nosso cérebro se dedique ao processamento da visão – para interpretar cores, detectar situações e movimentos, perceber profundidade e distância, decidir a identidade de objetos, reconhecer rostos e muitas outras tarefas" [25].

O nervo ótico se liga diretamente ao córtex visual, local onde as imagens são processadas no cérebro. Para o negociador aumentar as chances de influenciar o outro, precisa considerar que imagens causam um impacto muito maior no ser humano do que palavras.

O renomado *coach* americano Anthony Robbins propõe uma lista que pode ser usada como um *checklist* sobre o que levar para a negociação [29], sobretudo se tiver o propósito comercial:

- Demonstrações por meio de exibições presenciais, de vídeos, imagens.
- Evidências físicas por meio de imagens, vídeos ou de uma maquete.
- Fatos, por meio de gráficos de resultados alcançados e com a utilização daquilo que está propondo, bem como de artigos e matérias que mencionem e comprovem os argumentos.
- Exemplos bem-sucedidos, referências, histórias de sucesso com grande apelo visual.
- Analogias, por meio de histórias e metáforas visuais.
- Testemunhos proferidos por pessoas que sejam referência, preferencialmente gravados ou filmados.
- Estatísticas, preferencialmente por meio de gráficos.

Se números e dados forem importantes para a argumentação, o negociador deve dar preferência a representá-los por meio de gráficos em vez de na forma de tabelas. Vale lembrar que o cérebro reptiliano não faz cálculos. O raciocínio está no cérebro racional, no neocórtex. Essa conclusão é confirmada por Kahneman em seu livro "Rápido e Devagar" (2012) [19].

Conclusão: opte, preferencialmente, por frases simples e pequenas, use e abuse do recurso das imagens, além das evidências e demonstrações visuais do que você tem a propor.

Durante negociações relacionadas a um serviço – por exemplo, a organização de uma festa de casamento – é essencial que o negociador se empenhe em mostrar a decoração do espaço por meio de fotos, desenhos e vídeos; e pode incluir o serviço de bufê por intermédio da apresentação de fotografias que mostrem a arrumação e a decoração das mesas, as travessas de comida, bandejas de salgados e doces etc.

Em outras circunstâncias e temas, como ações judiciais relacionadas a acidentes de trabalho, por exemplo, recursos como fotos e vídeos tornam mais clara a percepção do ocorrido, possibilitando uma negociação baseada em provas concretas.

3.2.6. *Neurotática* 6: menos é mais – mantenha tudo simples

É necessária muita energia para o funcionamento correto do cérebro. Os estudos da neurociência descobriram que, embora o cérebro ocupe somente 2% da massa corporal, ele consome cerca de 20% da energia do corpo, sobretudo quando aciona muito o "Einstein" (Sistema 2), e por isso é programado para conservar energia. Isso significa que as pessoas dão prioridade a decisões fáceis e rápidas [1] [12] [18] [19] [25].

Conclusão (a): para chamar atenção para a sua proposta, apresente as opções de forma simples e resumida, dando maior ênfase à informação mais importante no início da apresentação e, preferencialmente, por meio de imagens. É uma boa prática você repetir essas informações relevantes no final da apresentação, pois é comum as pessoas prestarem menor atenção à parte do meio do discurso [18]. Essa orientação vale também para situações em que você tenha que apresentar sua proposta em formato de texto.

Conclusão (b): evite a apresentação de opções demais, bem como de opções que sejam complicadas, muito parecidas e/ou de difícil avaliação [10]. Os indivíduos costumam dar preferência a soluções que sejam mais fáceis de escolher, que demandem menor esforço, impliquem menor custo e/ou que sejam mais simples para implementar. Em termos de complexidade, vale a expressão do arquiteto alemão Ludwig Mies van der Rohe de que "menos é mais". Para apresentar propostas e ideias, busque sempre a simplicidade [12].

Conclusão (c): essa *neurotática* pode ser usada de maneira inversa. Se o negociador quiser que o outro tome uma determinada decisão mais rapidamente, sem grandes avaliações, basta apresentar uma planilha de dados complicada ou um relatório extenso como a comprovação de que a alternativa que está propondo é melhor do que a outra. Ao ver que terá que despender grande esforço mental para examinar a tal planilha ou relatório, é muito provável que o outro decida aceitar de imediato a argumentação e seguir a indicação do negociador.

Como afirma Daniel Kahneman, "diversos estudos psicológicos têm mostrado que pessoas que são desafiadas simultaneamente por uma tarefa cognitiva pesada (que exige muito esforço e concentração) e por uma tentação (algo mais simples e rápido) muito provavelmente vão ceder à tentação" [19].

3.2.7. *Neurotática* 7: a adição de um chamariz ("The Decoy Effect")

O professor Dan Ariely conduziu várias pesquisas e constatou que, ao apresentar para diversos alunos do Massachusetts Institute of Technology (MIT) duas opções – A e B – consideradas de avaliação equivalente para seleção, as escolhas foram equilibradas, ou seja, em torno da metade escolheu a opção A e a outra metade selecionou a B [1].

Ao acrescentar uma terceira opção, consistindo de uma distorção de uma das opções originais (por exemplo, "-A", uma distorção da opção original A) e repetir a pesquisa com outras amostras, 75% dos respondentes optaram pela opção original correspondente à imagem distorcida (A). Ele então repetiu novamente a pesquisa, agora adicionando a terceira opção correspondente à outra opção original (-B). Nesse caso, novamente a tendência se confirmou: 75% dos alunos entrevistados escolheram a opção original correspondente à imagem distorcida (B). À terceira opção distorcida, ele chamou de chamariz.

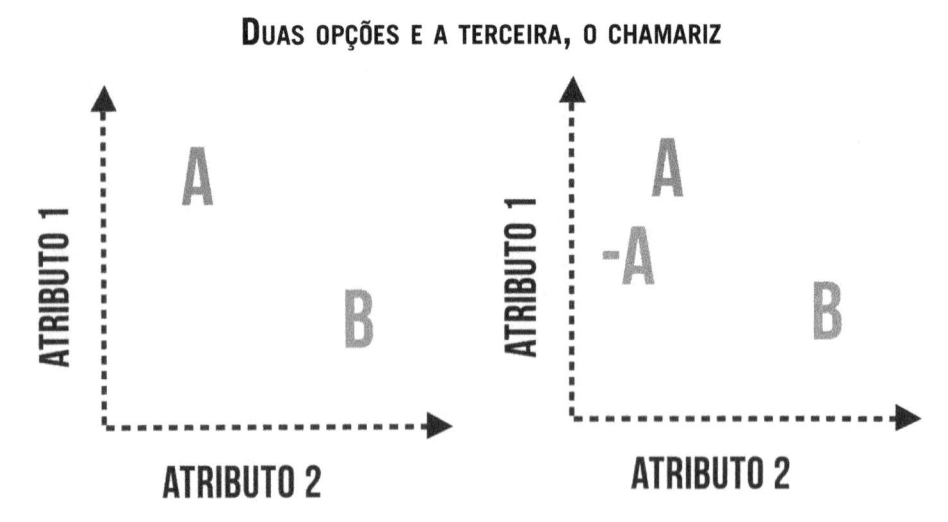

DUAS OPÇÕES E A TERCEIRA, O CHAMARIZ

Fonte: adaptado de ARIELY, 2009, p. 9 [1].

Isso indica que na presença de várias opções o cérebro humano tem a tendência a gastar menos esforço e a comparar propostas mais parecidas, escolhendo a que considera de maior valor [1] [25].

Ariely reproduziu o experimento novamente – dessa vez com a venda da revista "The Economist" pela internet – buscando confirmar a tendência quando a escolha envolvia preço. Em seu primeiro experimento (Oferta A), ofereceu inicialmente duas propostas. O objetivo era vender mais a opção que oferecia a assinatura para as versões *on-line* e impressa [1]. O exemplo a seguir ilustra e confirma a efetividade do chamariz.

Oferta A:
$ 59,00 – assinatura para a versão *on-line*
$ 125,00 – assinatura para as versões *on-line* e impressa

Obteve como respostas 68 escolhas para a assinatura *on-line* e 32 para a versão *on-line* e impressa. Em seguida, repetiu o experimento (Oferta B), só que dessa vez adicionou uma terceira opção, menos completa, com preço similar à opção mais completa, ou seja, acrescentou uma opção distorcida, um chamariz.

Oferta B:

$ 59,00 – assinatura para a versão *on-line*

$ 125,00 – assinatura para a versão impressa

$ 125,00 – assinatura para as versões *on-line* e impressa

Nesse experimento, as respostas foram de 16 escolhas para a assinatura da versão *on-line*, nenhuma escolha para a assinatura da versão impressa e 84 escolhas pela assinatura para as versões *on-line* e impressa. Ou seja, ao juntar uma terceira opção, similar, mas inferior à que ele desejava vender – um chamariz –, a grande maioria dos entrevistados selecionou a opção original correspondente à do chamariz [1].

Conclusão: em situações em que a sua proposta contiver duas opções de valores (relação entre benefícios e custos) equilibrados para apresentar para a outra parte, se você adicionar um chamariz (outra opção parecida, mas inferior, que seja uma "distorção" daquela que você deseja que seja escolhida pela outra parte), terá uma grande probabilidade de ser bem-sucedido.

3.2.8. *Neurotática* 8: menor dor, maior venda

O pesquisador em neuromarketing Roger Dooley concluiu que o detalhamento de custos de uma proposta causa múltiplos pontos de dor no comprador. Essa descoberta vale muito para os processos de negociação comercial. O negociador deve evitar a sensação de múltiplos pontos de "dor" por detalhar os custos dos itens de sua proposta. A melhor tática é usar pacotes ou um preço fixo ("flat"), pois minimizam a "dor" dos custos [12].

A venda a prazo (ou com cartão de crédito) é menos dolorosa para o inconsciente do que pagar à vista, em dinheiro. A visão de pagar no futuro minimiza a sensação de sofrimento pelo pagamento imediato.

Conclusão: evite apresentar diversos custos na sua proposta. Empacote a sua proposição e resista à tentação de detalhar os custos envolvidos em diversos itens.

É comum, em empresas de consultoria que prestam serviços de treinamento corporativo, a equipe comercial acreditar que, ao detalhar os custos na proposta, o cliente saberá com mais exatidão quanto irá gastar realmente em cada item da proposta, como: honorários da equipe da consultoria, despesas com aquisição de livros, com a impressão de material didático, com brindes, com blocos de papel e canetas, com a logística do material e do pessoal, com equipamentos, com filmagem, com lanches durante os intervalos, com impostos etc. A adoção dessa estratégia é, em geral, um "tiro no pé", pois durante o processo de examinar todos os custos com a consultoria e somar aos demais (passagens de avião, traslados, sala, equipamentos, alimentação, hospedagem etc.) o cliente se desmotiva e se cansa dos inúmeros detalhes e chega mais rapidamente à conclusão de que o valor será elevado, cancelando a demanda.

3.2.9. *Neurotática* 9: o fator porque ("The Because Frame")

Experimentos comprovaram que quando uma pessoa pede um pequeno favor a outra sem justificar o motivo do pedido (exemplo: passar à frente em uma fila), cerca de 40% das pessoas negam. Porém, se ao fazer pedido for mencionada uma razão para tal (mesmo exemplo), cerca de 90% concordam [25]. Isso ocorre mesmo que a razão não seja legítima.

A vontade das pessoas de justificarem comportamento é tão grande que elas aprendem a "ancorar" a palavra "porque", assumindo que a outra pessoa tem motivos válidos para o que está pedindo. O motivo para isso é que o inconsciente segue roteiros preestabelecidos (gatilhos automáticos). Nos dias de hoje, em função das pessoas agirem de maneira multitarefa, elas acabam contando com a ajuda de roteiros inconscientes automáticos em vez de obrigarem a mente consciente a prestar atenção a cada tarefa realizada [25].

Conclusão: ao propor algo à outra parte, se você oferecer uma razão, qualquer razão (mesmo que não seja a melhor razão) pela qual está propondo aquilo, terá uma chance muito maior de que a outra parte concorde com sua proposta, do que se propuser sem mencionar um motivo.

Um exemplo é a escolha do local em uma praia onde casais amigos irão se encontrar para aproveitar o banho de mar. Se um dos casais tiver um local de preferência, é mais fácil conseguir convencer os demais dando uma razão – exemplos: (1) é mais fácil de conseguir estacionamento, ou (2) geralmente tem menos frequentadores, ou (3) é mais perto do posto de salva-vidas etc. – do que se, simplesmente, usar como argumento sua vontade ou preferência.

Gatilhos mentais

Gatilhos mentais são atalhos que geram reações emocionais nas pessoas e desencadeiam determinadas decisões e ações automáticas. Referem-se a toda percepção, ideia, lembrança, interpretação e julgamento dos quais não temos consciência e que geram uma resposta (decisão ou ação) automática [9].

As *neurotáticas* a seguir empregam gatilhos mentais. Embora possuam eficácias variadas, contribuem muito para influenciar e direcionar a ação das pessoas.

3.2.10. *Neurotática* 10: o receio da escassez

Como resposta automática do cérebro reptiliano, os indivíduos têm a tendência a decidir mais rápido quando pressionados pela possibilidade de escassez [9].

Estudos realizados pelo Dr. Robert Cialdini [9] e pelo professor Daniel Kanheman [19] concluíram que o sentimento de perda (que gera um estímulo para evitar uma "dor") é muito mais forte do que o sentimento de ganho (vontade de obter um prazer) – de uma vez e meia (1,5) a duas vezes e meia (2,5) maior.

Conclusão: pense sempre em possíveis "dores" e também em possíveis "prazeres" antes de se sentar à mesa para negociar. Para acionar esse gatilho, você pode usar expressões como: "se não decidir agora vai perder a oportunidade"; "últimos itens em estoque"; "vagas limitadas"; "últimos dois quartos disponíveis"; "esta opção existe por tempo limitado"; "há outras pessoas interessadas"; "se não resolver agora, não será possível manter essas condições"; ou sob a forma de bônus: "só para as 50 primeiras inscrições" [9] [19].

Como exemplo, vale citar o caso de um executivo de uma multinacional de bebidas nos Estados Unidos, aqui denominado Paulo. Sua empresa tem como característica ter um clima organizacional muito competitivo, repleto de disputas de poder, "rasteiras" e manobras conflituosas, e possui como regra que se uma posição na estrutura for eliminada, cabe ao profissional procurar, por sua conta, outra vaga na empresa para trabalhar. Ou seja, por mais competente e experiente que o profissional seja, se a alta administração decidir por uma reestruturação que envolva a área dele e o seu cargo for extinto, ele terá um grande problema para continuar a trabalhar nessa empresa.

Há alguns anos, quando o Paulo ocupava o cargo de gerente da área de Gestão do Crescimento da Receita ("Revenue Growth Management"), dentro da Diretoria de Marketing, o seu cargo foi extinto. Ele ficou desesperado e começou a procurar outra vaga para se recolocar internamente, preparando-se para participar de entrevistas como candidato. Após algumas reuniões malsucedidas com os gestores dessas áreas potenciais, verificou que seu poder de argumentação e influência estava muito baixo e me procurou para ajudá-lo.

Ao examinar, junto com o Paulo, o que ele havia feito para a companhia até então, identificamos várias contribuições nas áreas de desenvolvimento de modelos matemáticos e de softwares, criação de procedimentos, mapeamento e otimização de processos de logística e distribuição, sobretudo a aplicação de um jogo de negócios, específico para empresas do segmento de bebidas nos EUA, com o propósito de desenvolver gestores para planejar, tomar decisões e controlar de maneira mais efetiva o negócio dessa empresa. Para que esse jogo fosse desenvolvido e customizado, a companhia havia pago US$ 2 milhões e o Paulo era o único executivo com habilidade e competência para aplicá-lo com eficácia. Sua saída interromperia a longo prazo a aplicação desse programa de treinamento.

Com isso em mente, desenvolvemos um conjunto de argumentos para influenciar os gestores contratantes a reconhecer o grande valor que o Paulo possuía para a companhia e o contratar imediatamente para a vaga de que dispunham.

Um dos argumentos mais eficazes que ele utilizou foi exatamente a aplicação da *neurotática* relacionada à escassez. Ou seja, durante a conversa, ele fazia perguntas que deixavam claro para o gestor entrevistador que caso ele não conseguisse essa vaga, e tivesse que deixar a companhia, esta enfrentaria vários problemas, quais sejam: (1) a companhia perderia o único executivo capaz e pronto para aplicar o jogo, e o tempo de preparação de outro substituto ultrapassaria dois anos; (2) haveria uma lacuna no desenvolvimento dos gestores da companhia, que acarretaria erros e prejuízos enormes por falhas de avaliação, decisões equivocadas, perdas de contratos com clientes e redução de receita; (3) Paulo levaria todo o conhecimento do negócio para o mercado, o que seria muito prejudicial para a companhia, sobretudo no seu segmento de negócios, cuja característica é ser altamente competitivo; entre outras.

A partir da utilização dessa *neurotática*, a taxa de êxito do Paulo nas entrevistas passou a ser praticamente de 100% e ele pôde fácil e rapidamente se realocar na companhia e continuar seu trabalho.

Outro exemplo incontestável da aplicação dessa *neurotática* é pela equipe de marketing de supermercados. Quando é necessário acelerar as vendas de um determinado produto, a equipe faz uma promoção (com pequeno desconto de preços), por tempo limitado, em que divulga uma quantidade máxima permitida de compra por pessoa ("Limite de X produtos por pessoa"). Isso gera no consumidor uma sensação de que o produto vai faltar ou que o novo lote chegará com preço maior, gerando aumento significativo de vendas (cada consumidor passa a comprar o dobro da quantidade que geralmente adquire). O racionamento gera esse efeito de que o produto está sumindo das prateleiras (escassez) [18].

Além deste, em seus estudos o Dr. Robert Cialdini também destaca os próximos cinco gatilhos mentais como sendo muito eficazes.

3.2.11. *Neurotática* 11: o efeito bumerangue da reciprocidade

As pessoas tendem a retribuir o que recebem e a apoiar quem as apoiou. Isso acontece quase como uma obrigação de retribuir favores ou concessões. Essa reação funciona também quando alguém oferece algo a outro, que não aceita. Ao oferecer uma segunda opção, de menor custo, a tendência é que a pessoa aceite como forma de concessão pelo fato de não ter aceitado a primeira oferta, mesmo que nenhuma das duas seja de seu interesse [9].

Há ainda um gatilho chamado de reciprocidade inversa (ou Efeito "Ben Franklin"), que ocorre quando uma pessoa solicita um favor simples a alguém e, após a resposta positiva da outra parte, quem atendeu ao favor passa a ter um bom sentimento em relação a quem o pediu, mesmo quando havia prévia inimizade entre as duas pessoas. Cria-se uma dissonância cognitiva entre a ação realizada com o favor prestado e os sentimentos anteriores. Ou seja, a relação entre a incompatibilidade que havia e a nova atitude de ajudar a quem pediu o favor são dissonantes e, portanto, não cabem mais no novo cenário. O conflito é vencido e a pessoa que prestou o favor passa a sentir afeição pela outra.

Em negociações corporativas, esse gatilho pode ser usado quando o representante da empresa, ou a própria, solicita ao cliente a possibilidade de ele ajudar na resolução de algum problema que tenha ocorrido após a compra de algum de seus produtos ou serviços.

Para que a reciprocidade inversa funcione, é necessário que o negociador siga os passos a seguir:

1. Solicite um favor simples e de fácil realização para o outro.
2. Esteja certo de que seu pedido foi atendido.
3. Expresse agradecimento verdadeiro pelo favor recebido.
4. Não retribua nem responda prontamente à gentileza, fazendo com que a dissonância cognitiva se mantenha.
5. Siga tratando a pessoa a quem pediu o favor com amabilidade, para reforçar o sentimento.

Conclusão: invista no "banco do relacionamento" e contribua com o outro. Ofereça apoio, sobretudo em momentos difíceis ou de aflição para a outra pessoa, pois, além da atitude positiva de ajudar alguém, você gera um "crédito" para outra situação em que ela possa ajudar você.

Como ilustração, voltando ao caso da companhia de bebidas e do Paulo, após ter passado por alguns dissabores com essa norma, ele decidiu desenvolver dois hábitos: (1) ajudar espontânea e ativamente as pessoas, de todas as áreas e níveis de hierarquia, que se encontrassem em situações semelhantes de ansiedade e na busca por outra posição interna; e (2) manter ativa sua rede de relacionamentos dentro da empresa, tomando sempre a iniciativa de contribuir com colegas que apresentassem qualquer dificuldade. Ao fazer isso, ele deixou de ter problemas de recolocação interna quando situações de reestruturação na sua área aconteciam, pois passou a contar com muitos outros profissionais "patrocinadores" – incluindo gerentes, diretores e vice-presidentes, nos EUA e no exterior – para ajudá-lo a conseguir outra posição.

3.2.12. *Neurotática* 12: confirmação social – em sintonia com o que acontece ao redor

Há uma tendência das pessoas, em geral, usarem referências externas para a tomada de decisões, repetindo o que os outros fazem. Ao observar um comportamento em outras pessoas, por mais estranho que pareça, o indivíduo tende a avaliar a sensação de copiá-lo, sente-se atraído como se estivesse recebendo uma permissão para fazer igual e tende a alterar sua forma de agir para entrar em sintonia com o que vê ao redor [9] [22].

Assim, o negociador dispara um gatilho automático no outro ao fazer referência a pessoas que decidiram ou agiram de acordo com o que ele está propondo, adquiriram ou possuem algo similar à sua proposta.

Para persuadir, o negociador pode mostrar depoimentos e casos de sucesso alcançados por quem optou pela sua proposta, evidenciar quantas pessoas fizeram essa escolha, ou quantas unidades foram vendidas, e ainda pode se valer de divulgações imparciais que atestem ou recomendem soluções iguais ou similares a que está propondo.

3.2.13. *Neurotática* 13: aos especialistas, tudo

É comum as pessoas não questionarem opiniões de especialistas, por estes serem considerados autoridades no assunto. O negociador deve utilizar esse conhecimento, quando lhe for favorável [9].

A fim de ilustrar esse gatilho, vale mencionar uma situação em que um empresário – que aqui chamo de João Luiz – foi negociar com a equipe de uma empresa cliente o pagamento de multa a que tinha direito pela rescisão unilateral do contrato pelo cliente. Enquanto a conversa se deu somente entre o empresário e o cliente, este mostrava uma postura dura e contundente, utilizando o poder de barganha que imaginava possuir por representar uma empresa grande e afirmando simplesmente que não pagaria, pois era um cliente que demandava grandes quantidades do produto do fornecedor.

Entretanto, para entregar a quantidade demandada, no prazo reduzido solicitado pelo cliente, e atendê-lo bem, o fornecedor teve que fazer investimentos, contraiu dívidas e precisava receber a multa para arcar com parte dos compromissos financeiros que assumiu.

Ao chegar à reunião acompanhado de outra pessoa e apresentá-la como o advogado da empresa, João Luiz notou claramente a surpresa do cliente e sua imediata mudança de postura, tornando-se mais receptivo à conversa e à argumentação do fornecedor.

O efeito causado sobre o outro lado pela presença de um especialista, em uma reunião de negociação, é o de aumentar o poder do negociador ou, no mínimo, de equilibrar as forças.

3.2.14. *Neurotática* 14: congruência e consistência

As pessoas querem ser consistentes com o que falam e fazem, principalmente quando isso ocorre de maneira voluntária, ativa, formal e pública. Assim, ao agir ou fazer afirmações sobre determinados posicionamentos, todos tendem fortemente a manter esses posicionamentos [9].

Juramentos realizados em formaturas e em cerimônias de casamento são exemplos desse gatilho.

Conclusão: estimule a outra parte a se comprometer com posições, fazendo-a afirmar o que deseja, seja por meio de perguntas ou de objeções.

Com esta *neurotática* em mente, uma das estratégias para assegurar que um acordo acertado informalmente entre as partes, em uma reunião de negociação, seja cumprido é escrever uma mensagem de e-mail, logo após o evento, com o relato do que foi acordado na reunião e enviar para a outra parte, com cópia para todos os presentes e com solicitação de confirmação. Essa ação deixa a outra parte desconfortável para negar qualquer um dos itens combinados e apresentados na mensagem. Ao ver que as pessoas que participaram da reunião estão em cópia, isso a incentiva a cumprir sua palavra, confirmando o trato feito.

3.2.15. *Neurotática* 15: a atração dos iguais

Indivíduos parecidos tendem a se atrair. Ao sentir que há pontos em comum, similaridades, harmonia e sintonia com o outro, pessoas tendem, inconscientemente, a aceitar com mais facilidade e até a confiar em propostas e ofertas feitas por ele.

Conclusão: empenhe-se para conseguir estabelecer harmonia com a outra pessoa. Observe-a, busque identificar o estilo de relacionamento dela e flexibilize o seu para se tornar mais parecido com o dela. Olhe nos olhos, sorria, sintonize também a postura, a gesticulação, espelhe a respiração e o ritmo da fala. Faça tudo isso de maneira natural. Com isso, você estabelecerá o *rapport* (harmonia) com ela, o que contribuirá para facilitar a comunicação e conquistar a confiança, tão importantes para o êxito na negociação.

Esta *neurotática* é altamente eficaz para facilitar e/ou estreitar os relacionamentos humanos, sobretudo em negociações, entrevistas de emprego, vendas, influência, persuasão, liderança, administração de conflitos, disputas, relações que envolvam amor, entre outras.

3.2.16. *Neurotática* 16: a sedução das metáforas

Como um importante mecanismo de sobrevivência do ser humano, estímulos visuais são conectados direta e rapidamente com o córtex visual e causam um grande impacto. Imagens são percebidas e registradas bem antes que outras áreas do cérebro processem a informação. Assim, ao contar histórias ou usar metáforas visuais em sua fala, o negociador facilita a compreensão, pelo outro, do que está propondo, envolvendo principalmente parte inconsciente do cérebro dele [18] [33].

A metáfora é a utilização de um objeto ou característica (qualidade, defeito, comprimento, altura etc.) para expressar outro objeto ou característica similar. É uma ferramenta linguística muito empregada pelas pessoas no cotidiano, que contribui e facilita a comunicação humana. O indivíduo recorre às metáforas constantemente para falar, pensar, interpretar e compreender. Pesquisas indicam que durante um minuto de conversa a pessoa emprega em média seis metáforas para compreender o assunto [33]. Muitas pessoas têm dificuldades para dizer o que realmente sentem e se utilizam, intencionalmente, de frases com metáforas para transmitir seu significado de forma tácita.

Histórias e metáforas contextualizam o que está sendo dito, trazem lembranças emocionais, criam correlações e estimulam que as decisões sejam tomadas priorizando as razões emocionais sobre as racionais [18] [33].

Conclusão: mentalize e construa a estratégia de sua retórica. Organize mentalmente o que deve falar. Utilize recursos como histórias e metáforas para facilitar a compreensão de seus argumentos e ofertas pela outra parte.

3.2.17. *Neurotática* 17: provocando a curiosidade

Conforme afirma o coach Anthony Robbins [29], este gatilho é acionado sempre que o negociador faz alguma afirmativa relacionada ao que quer propor, que gere curiosidade na outra parte e cause nela a vontade de saber mais. Ao fazer isso, o outro passa a ficar mais interessado e mais aberto a escutar suas propostas com maior atenção.

Conclusão: tentar negociar algo com alguém que não esteja interessado naquilo que você quer propor é perda de tempo. Como dito anteriormente neste livro, a base para a negociação são os interesses. Então, uma das maneiras para atrair a atenção do outro para aquilo que você tem a oferecer/propor é expressando algo que gere curiosidade nele. Isso vai chamar a atenção dele para escutar o que você tem a apresentar/propor.

—

Após a ampla explanação sobre as técnicas-chave e as influências relevantes da neurociência e do neuromarketing nos processos de negociação, apresento a seguir a metodologia que desenvolvi e a qual chamei de SMARTDRIVE, ou direção inteligente da negociação. Também fruto de muitos anos de estudo e aplicação, o método SMARTDRIVE traz novidades sobre os processos já conhecidos de negociação e vai possibilitar ao negociador contar com um roteiro estruturado, que reúne todos os aspectos e itens essenciais para alcançar os resultados desejados.

4. A nova metodologia SMARTDRIVE de negociação

A metodologia proposta – aqui chamada de *SMARTDRIVE* – tem como propósito organizar de forma sequencial diversos métodos e técnicas que considero eficazes para que um negociador potencialize o alcance dos resultados desejados. Ao mesmo tempo, o objetivo é que as relações interpessoais entre o negociador e a outra parte se mantenham estáveis, levando em conta os ganhos positivos da boa gestão das diferenças e divergências, sejam elas com outras pessoas, em seus interesses individuais, ou com representantes de empresas, com seus objetivos institucionais e/ou comerciais específicos.

Os principais objetivos da metodologia SMARTDRIVE são:

a) Tornar tangível o processo da negociação, organizando-o em fases e etapas sequenciais que se complementam, reforçar e possibilitar ao negociador comum dispor de um roteiro simples, prático e eficiente para suas práticas de negociação do dia a dia.

b) Apresentar os principais conceitos, ferramentas, métodos e técnicas relacionados à negociação, dentro e fora do ambiente organizacional.

c) Fortalecer o conhecimento sobre o planejamento, a execução, o controle de processos e o fechamento do acordo.

d) Reforçar o ciclo PDCA como ferramenta eficaz para o alcance de resultados, por meio de um processo cíclico de melhoria contínua.

e) Aumentar o poder de influência do negociador, por meio do emprego de *neurotáticas*.

f) Maximizar resultados relacionais em situações de conflitos e que exijam o uso adequado das técnicas de negociação com foco em administrar as divergências.

g) Estimular a melhoria dos processos de comunicação para facilitar a negociação.

O público-alvo da metodologia é composto por indivíduos, em geral, seja em seus exercícios de negociação pessoais, profissionais ou comerciais, onde necessitem conhecer e saber aplicar as técnicas e ferramentas para lidar com diferenças, para alinhar interesses e gerir pessoas ou atividades de venda e de relacionamento com clientes, fornecedores etc., visando a obtenção de melhores resultados.

4.1. Técnicas, boas práticas, competência interpessoal e conhecimento

4.1.1. Resumo das oito técnicas-chave

Dentre todas as técnicas que foram estudadas, as oito selecionadas, testadas, avaliadas e que fazem parte da metodologia são:

As oito técnicas-chave de negociação

1	Avalie a importância da substância x relação e defina a sua estratégia. Desassocie as pessoas do problema.
2	Saiba diferenciar posições de interesses e concentre-se nos interesses.
3	Identifique e priorize suas moedas de troca.
4	Estabeleça seus objetivos e o campo da negociação.
5	Crie opções que sejam mutuamente satisfatórias e desenvolva a sua MACNA.
6	Descubra e use critérios imparciais.
7	Analise suas fontes de poder e as da outra parte. Administre muito bem seu tempo na negociação. Invista tempo em obter informações e em continuar aprendendo sobre a situação e sobre a outra parte durante o processo da negociação.
8	Identifique e aplique as *neurotáticas*.

Fonte: o autor.

A metodologia SMARTDRIVE já foi aplicada e testada por mais de duas mil pessoas em *workshops* corporativos, cursos de pós-graduação, *workshops* abertos para indivíduos com interesse em desenvolver suas habilidades de negociação e em situações reais do dia a dia. Sua aplicação trouxe comentários relevantes, por parte dos participantes, por ser mais objetiva, prática, conter a essência dos diversos conceitos existentes sobre o assunto e, dessa forma, ser de mais fácil assimilação, memorização e aplicação cotidiana. A metodologia SMARTDRIVE foi desenvolvida levando em consideração as bases da boa negociação, quais sejam: o domínio da técnica, boas práticas, a competência interpessoal e o conhecimento do processo.

Acredito que o processo de negociação seja mais bem representado e entendido como sendo cíclico, e não linear e contínuo (simplesmente com início, meio e fim). Esse ciclo se inicia na fase de planejamento e preparação, evolui para a fase de execução (quando a interação e as trocas realmente acontecem), passa à fase de verificação, em que é apurado se tudo que foi combinado (acordo) na fase de execução está sendo cumprido, e segue para a fase de ajustes, em que eventuais adequações são implementadas, se necessárias, para que o que foi acordado seja satisfeito integralmente. É nesta última fase que a necessidade de reinício do processo pode ser constatada, com o retorno à fase de planejamento.

Resumindo, a concepção do processo de negociação como sendo cíclico assume que este só vai se encerrar quando o que foi estabelecido no acordo for completamente cumprido.

Com isso em mente, a metodologia SMARTDRIVE aqui proposta, com suas fases e etapas, técnicas e ferramentas, é alicerçada no ciclo PDCA ("Plan" + "Do" + "Check" + "Act"), com a adição de mais um elemento, "I", que trata do poder de influência do negociador. Dentro desse modelo, o negociador conduz o processo da negociação em um ciclo em que **aprende**, nas fases de planejamento ("Plan") e de execução ("Do"), se **adapta** às situações e à outra parte nas fases de controle ("Check") e ajuste ("Act"), e **influencia** o tempo todo [35].

O ciclo PDCA, em si, é um método de gestão estruturado em quatro etapas, muito empregado para o alcance de objetivos, bem como para o controle e a melhoria contínua de processos e produtos. Foi desenvolvido por Walter Andrew Shewhart, em 1924 e passou a ser amplamente utilizado a partir do fim da Segunda Guerra Mundial, e assim tem seguido até os dias de hoje. O ciclo PDCA tornou-se popular em todo mundo através do Dr. William Edwards Deming, como o Ciclo da Qualidade de Deming. No Brasil, o ciclo PDCA vem ganhando força a cada ano, pois é uma excelente ferramenta para a gestão empresarial.

O ciclo PDCA, e também o método científico, têm caráter cíclico. As várias etapas que os compõem são revisitadas na direção do objetivo que se pretende alcançar. Só após a realização dessas etapas o ciclo se encerra. Caso contrário, o planejamento e a execução das atividades se repetem, em um processo de melhoria contínua e até que o objetivo seja atingido.

Tenho comprovado, por intermédio de pesquisas, que a utilização do ciclo PDCA como a base para a metodologia da negociação facilita ao negociador a compreensão de que é através de iterações (geralmente poucas) que ele conseguirá alcançar os resultados que almeja, ou seja, que o que foi acordado seja cumprido.

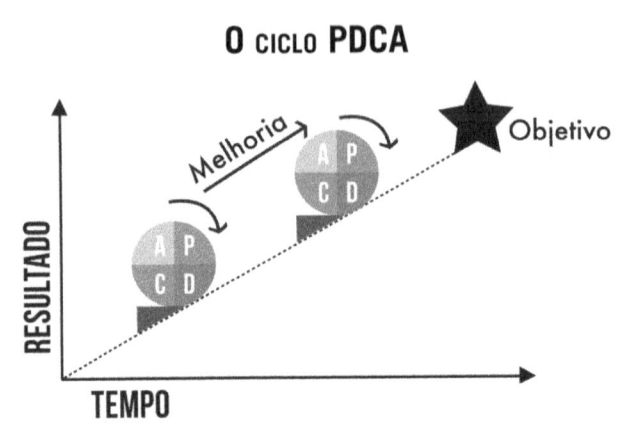

O ciclo PDCA

Fonte: adaptado de SYED (2009)[*].

---

[*] Disponível em: <https://totalqualitymanagement.wordpress.com/2009/02/25/deming-cycle-the-wheel-of-continuous-improvement/>. Acesso em: 16 jun. 2017.

4.2. Fases e etapas da metodologia SMARTDRIVE

ESQUEMA DA METODOLOGIA DE NEGOCIAÇÃO

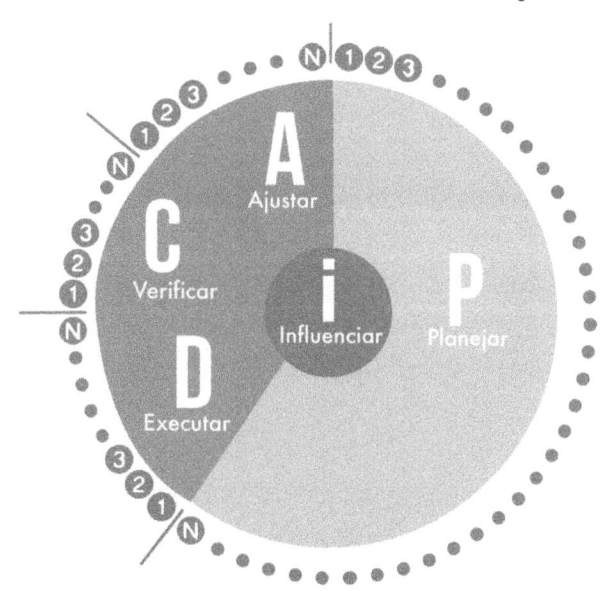

Fonte: o autor.

Atributo dominante: INFLUÊNCIA – "I"

A letra "I", de influência, está no centro da metodologia, pois esta habilidade deve permear todo o processo de negociação e suas ações, desde a fase de planejamento até a conclusão da negociação. Conforme mencionado anteriormente, a negociação ocorre em ciclos rápidos de aprender, adaptar e influenciar.

A primeira e mais importante pessoa a ser influenciada é o próprio negociador. Ao influenciar a si mesmo a fazer as coisas certas, ele estará contribuindo para si mesmo, com os outros, suas organizações e partes envolvidas, e alcançará um sentido, um significado para o que está fazendo. Seja na venda de um produto, de uma ideia ou de conhecimentos, o emprego de estratégias, técnicas e ferramentas de influência precisa estar fundamentado nos valores do negociador e da organização que representa.

Influenciar tem a ver com superar eventuais resistências do outro às próprias ideias e propostas. Para ampliar o seu grau de influência e, com isso, aumentar seu impacto emocional e seu desempenho na negociação, o negociador deverá fazer o melhor uso de sua competência interpessoal, além de aplicar as técnicas e *neurotáticas* aqui propostas. Conforme será visto no Capítulo 5 deste livro, as *neurotáticas* ampliarão o poder de influência, se bem aplicadas.

Primeira fase – PLANEJAMENTO e PREPARAÇÃO ("Plan" – P)

Esta fase se inicia antes da negociação propriamente dita começar e afeta todo o processo. Caso o negociador não alcance o que quer após a primeira interação, deverá replanejar, repetindo o ciclo PDCA até atingir seu objetivo.

No primeiro momento, planeje tudo o que será feito e utilizado nas etapas subsequentes da negociação. Esse panorama macro e abrangente oferece ao negociador uma perspectiva clara do cenário que vai encontrar nas etapas iniciais do processo de negociação e o municia de informações, reduzindo os níveis de tensão e insegurança e somando ferramentas importantes ao êxito.

Nesta fase, o negociador coleta, seleciona e organiza informações, e examina a melhor maneira de aplicar as oito técnicas-chave da negociação, para colocá-las em prática na fase de execução. Importante observar que a maior parte do esforço deve ser dirigida à fase de planejamento, antes de começar a execução. O êxito na negociação pode ser orquestrado muito antes do negociador se sentar à mesa de negociação, ou seja, é por intermédio do planejamento e da preparação que a negociação é bem-sucedida ou não.

As principais atividades a serem cumpridas nesta fase estão descritas a seguir. O leitor pode utilizar a próxima tabela como um *checklist* para suas negociações.

1	No caso de negociação comercial, o negociador deve identificar os motivos que o estão levando a ela, isto é, à venda ou à compra de algo. A partir da identificação desses motivos, do "por quê", o resto se resumirá ao "como", que está descrito em seguida. Se a negociação não for comercial, é importante identificar no início do planejamento qual é a situação problema que está gerando a necessidade de negociação e quais são as suas verdadeiras causas.
2	Identificação clara do que se pretende negociar. Análise da substância e relação, comparação da importância relativa entre elas e estabelecimento da estratégia de negociação.
3	Decisão se vale a pena negociar ou não. Às vezes, a análise da substância e da relação indica que não. Outras vezes, não vale a pena porque o negociador não está certo de que há espaço para negociação, e arriscar pode causar mais problemas do que trazer soluções. Há ainda situações em que a oferta inicial da outra parte mostra que o melhor caminho é rejeitar e sair fora.
4	Definição dos seus objetivos (metas e outros objetivos subjetivos) e suas prioridades na negociação.
5	Levantamento de informações externas que possam interferir na negociação, consideradas necessárias para o entendimento do ambiente da negociação. Compreende a identificação de aspectos do cenário (econômicos, tecnológicos, sociais, demográficos, políticos, internacionais etc.), além da avaliação de concorrentes, fornecedores, características do mercado, da empresa, de seus produtos e serviços etc.
6	Estudo do perfil da outra parte, da organização que representa, suas regras, convenções e cultura, o histórico da relação, a existência de eventuais temores, desentendimentos e ressentimentos anteriores e demais aspectos que possam afetar de alguma forma a negociação e, principalmente, que possam ser utilizados a favor ou contra o negociador. Antecipação das possíveis necessidades e dos desejos da outra parte.
7	Identificação de seus interesses e previsão de possíveis interesses, necessidades e posições da outra parte.
8	Identificação de possíveis razões emocionais e lógicas envolvidas na negociação. Identificação de razões que a outra parte possa ter para abandonar a negociação (*neurotática* 2).
9	Identificação e priorização de moedas de troca. Organização de possíveis pacotes de moedas de troca. Levantamento sobre o que o negociador tem a propor em troca do que tem interesse em obter.
10	Definição criteriosa do campo da negociação – de oferta de abertura, meta e do ponto de recuo (ou valor de reserva). Previsão do campo de negociação da outra parte.
11	Identificação de critérios imparciais para a argumentação. Previsão dos critérios imparciais que a outra parte possa propor.
12	Criação e listagem de opções mutuamente satisfatórias. Estas podem ser organizadas em pacotes para serem oferecidas/trocadas durante a negociação.
13	Criação/identificação da MACNA – própria e da outra parte.
14	Previsão de potenciais objeções.

15	Análise das fontes de poder próprias e daquelas que possam ser usadas pela outra parte.
16	Identificação de possíveis "dores" da outra parte, associadas ao contexto da negociação e ao objetivo do negociador (*neurotáticas* 1 e 10 – gatilho 1).
17	Verificação de possibilidades de aplicação do conceito da relatividade para fortalecer o que o negociador irá propor. (*neurotáticas* 3 e 4).
18	Verificação de imagens que possam ser utilizadas para facilitar a compreensão da proposta pela outra parte (*neurotática* 5).
19	Verificação se as propostas estão simples, resumidas e fáceis de compreender (*neurotática* 6).
20	Averiguação se é possível e eficaz utilizar um chamariz (*neurotática* 7).
21	Verificação dos possíveis gatilhos automáticos a serem empregados durante a execução (*neurotáticas* 10 a 17)
22	Estudo do tempo. Previsão, planejamento e gestão de aspectos relacionados ao tempo, como duração, agenda, e cronograma a ser usado na negociação.
23	Escolha do melhor local e hora para negociar.
24	*Checklist* de precauções.
25	*Checklist* de execução – elaboração do plano de ações para a fase de execução.
26	Preparação. O negociador deve influenciar a si mesmo para agir, preparar sua mente, se colocar em um estado emocional potencializador, se encher de energia e se concentrar para o encontro (primeira etapa da fase de execução). Durante a venda/compra, acontece uma transferência de emoções e a outra parte acaba associando o estado emocional do negociador ao produto. Esse é o motivo pelo qual o negociador deve iniciar a negociação no seu melhor estado emocional.

Obs.: esta lista não pretende esgotar o assunto, mas oferecer um roteiro com as atividades consideradas mais relevantes para esta fase.

Esta fase poderá se repetir em ciclos sob a forma de replanejamento durante todo o processo da negociação.

Ainda durante a fase de planejamento, como última etapa antes da execução, acontece a preparação, cujo protagonista é o próprio negociador e acontece a partir do conhecimento que ele possui de si mesmo. É nessa fase que o negociador influenciará a si mesmo para agir, para utilizar todo seu potencial e superar pressões e objeções que possam ocorrer durante a próxima fase, de execução.

Como disse Benjamin Franklin, "a falha na preparação é a preparação para a falha". Assim, é na preparação, etapa preliminar da negociação, que o negociador deve buscar seu melhor estado neurofisiológico, com motivação, energia, equilíbrio, concentração e organização para obter sucesso. Tudo se inicia com o estado do negociador.

Segunda fase – EXECUÇÃO da negociação ("Do" – D)

É nesta fase que acontece a interação com a outra parte e na qual a competência interpessoal entra em ação.

Considero que a fase de execução seja, na grande maioria das vezes, **cíclica**, isto é, nela a negociação (processo de trocas e concessões) se desenrola por meio de repetidos encontros, conversas, propostas e contra-propostas, poucas vezes de maneira linear e contínua. Durante essa fase, nos intervalos entre os encontros, os negociadores replanejam, reveem suas percepções e estratégias, e voltam à mesa de negociações até que um acordo seja estabelecido ou, eventualmente, a negociação seja encerrada, sem evoluir para as fases seguintes.

Por isso, acredito que nessa fase o conceito do ciclo PDCA se repita. Nela, comumente, vários ciclos rápidos ocorrem, com muita interação, até que os objetivos da negociação sejam alcançados e os interesses sejam atendidos e registrados por meio de um acordo. O propósito principal dessa fase é chegar a um acordo.

Em uma visão mais ampla, é como se o ciclo PDCA da fase de execução, cujo propósito é chegar a um acordo satisfatório, estivesse inserido e rodasse dentro de outro maior e mais lento, onde todo o processo de negociação se concretiza e cuja finalidade é assegurar que o acordo seja cumprido.

Assim, o meu modelo ratifica a afirmação do professor Michael Wheeler: "a negociação efetiva demanda ciclos rápidos de **aprender**, **adaptar** e **influenciar**" [35].

Aqui, o que foi planejado na fase anterior será colocado em prática, desde a abertura. Será necessário administrar objeções, divergências, conflitos e os possíveis impasses que emergirem na negociação.

De maneira geral, as etapas e atividades mais relevantes desta fase estão apresentadas a seguir. O leitor pode utilizar a tabela a seguir como um *checklist* para suas negociações.

1	Atenção à pontualidade para chegar ao encontro de negociação com antecedência. Se chegar atrasado, já iniciará a negociação por baixo. O negociador deve ter atenção ainda para assegurar que falará com a pessoa certa.
2	Etapa de **abertura** Nesta etapa, o negociador deve: Empenhar-se em trabalhar os aspectos relacionais envolvidos na negociação. Desenvolver um clima positivo e ameno. Usar a comunicação verbal e não verbal (postura, tom de voz e ritmo da fala, respiração, gesticulação etc.) para influenciar o estado emocional da outra pessoa. Manter, durante todo o processo, um ambiente harmônico e tranquilo para que a outra parte se sinta segura e tenha confiança para que as objeções e divergências não se ampliem. Apresentar-se. Esclarecer o motivo da visita, se necessário. Confirmar o tempo disponível para a conversa. Empenhar-se na conexão com o outro. Para isso é essencial que o negociador olhe nos olhos, fique de frente para a outra pessoa e mantenha as mãos aparentes. Estabelecer o *rapport*, isto é, entrar em harmonia e sintonia com o outro.
3	Etapa da **exploração**, que envolve: Escutar com empatia, desenvolver a visão dupla. Assegurar-se de que o outro lado também está escutando. Levantar da outra parte: necessidades, desejos, autonomia e disponibilidade de recursos para troca, por meio de perguntas [29]. É importante ressaltar que se o outro (1) não tiver autonomia, (2) não reconhecer que o negociador é capaz de solucionar o problema que ele tem, (3) não dispuser de recursos financeiros ou de outras moedas de troca, a negociação poderá ser perda de tempo. Identificar os verdadeiros interesses e eventuais motivos de objeções. O negociador deve demonstrar que tem interesse em encontrar uma solução que seja mutuamente satisfatória.

4	**Etapa de apresentação e avaliação de propostas e contrapropostas.**

O negociador deve apresentar suas propostas com base nos interesses das partes.

Apresentar e discutir opções que atendam aos interesses do negociador e, preferencialmente, sejam mutuamente satisfatórias.

O negociador deve destacar as "dores" do outro lado para torná-lo mais propenso a aceitar a proposta.

Como afirma o *coach* Anthony Robbins, o negociador não deve falar das propostas até que consiga gerar atenção e interesse da outra parte [29]. Para isso, ele pode se valer de algumas ações:

- Mencionar uma pessoa de referência, que seja do conhecimento de ambos.
- Fazer um elogio ao outro, que seja genuíno. Para isso, em seguida, o negociador deve justificar o elogio e fazer uma pergunta ao outro referente ao elogio (ex.: como você conseguiu esse resultado?).
- Mostrar um testemunho positivo sobre o produto ou serviço.
- Exibir ou demonstrar algo sobre o que vai propor na negociação, seu produto (substância) ou ideia.
- Fazer associações e analogias com outros produtos ou serviços similares, ou exemplos que possam ser do interesse da outra parte.
- Mencionar alguma estatística, algum fato ou uma curiosidade sobre a proposta ou seu desempenho.
- Fazer perguntas que chamem atenção para uma necessidade ou benefício em que o negociador tenha interesse.
- Transmitir uma informação relevante que a outra pessoa não saiba.
- Fazer algo que induza a reciprocidade, como: fazer uma gentileza, cumprimentar o outro (de forma genuína) por algo que realizou ou dar um presente singelo.

Realizar trocas e concessões.

Oferecer as moedas sob a forma de pacotes, para tornar mais atraente a proposta para a outra parte.

Aplicar as *neurotáticas*, conforme identificadas na fase de planejamento. |

5	Etapa de **identificação** *e* **superação de objeções** Nesta etapa, o negociador precisa: Superar objeções, divergências, conflitos e possíveis impasses que emergirem na negociação. Ao surgir uma objeção, o negociador deve se lembrar de que isso é um sintoma de que a outra parte não concorda com algo e não a causa da discordância. Uma pessoa faz objeções para: • Clarificar o entendimento ou fazer comentários. • Testar a outra parte. • Construir um ponto de vista ou por ceticismo. • Indicar genuína desaprovação. • Mostrar que não recebeu explicações ou informações suficientes para atender às suas expectativas. • Mostrar que não está alinhada com o negociador. Com esse entendimento, e ainda se valendo de recomendações do *coach* Anthony Robbins, o negociador deve seguir os seguintes passos [29] ao receber objeções: Sorrir e ignorar a objeção. Escutar sem reagir à objeção. O negociador não deve ser defensivo, não deve dar qualquer resposta e não deve contra-atacar. Devolver a objeção para o outro, fazendo uma afirmativa e transformando a objeção em uma pergunta. Exemplos: *(1) — Entendi que isso não funciona para você. Você pode me dizer por quê?* *(2) — Compreendo que você tem vários motivos para não querer aceitar a minha proposta. Você pode me dizer quais são?* *(3) — Você me disse que esse produto custa muito. Você pode me informar com o que você está comparando?* *(4) — Compreendo que você tem razões para rejeitar a minha proposta. Suponha que nós possamos administrar essa questão. Você estaria interessado em prosseguir?* Aplicar as *neurotáticas* visando à superação de objeções. Enquanto o negociador não conseguir fechar um acordo que seja considerado adequado, isto é, que atenda aos seus objetivos e interesses, ele não deve considerar o processo encerrado. Deve, sim, girar novamente o ciclo PDCA e retornar para a fase de planejamento, replanejar e voltar para mais uma rodada de negociação. Esse processo cíclico deve se repetir até que as condições do trato sejam satisfatórias para o negociador. Quando isso ocorrer, ele então deve prosseguir para o fechamento do acordo.
6	Etapa de **fechamento do acordo.** Nesta etapa, o negociador deve: Assegurar-se, por meio de perguntas e de observação, de que a outra parte está pronta para o fechamento do acordo. Usar das técnicas de sumarização e confirmação do entendimento do acordo para estabelecer uma comunicação clara e assertiva entre as partes. Sempre que possível, formalizar por escrito. Buscar o fechamento do acordo, evitando pendências. Definir e combinar os próximos passos. Se preciso, negociar a implementação. Caso necessário, ou algo não funcionar como combinado, renegociar.

> **Obs.:** esta lista não pretende esgotar o assunto, mas oferecer um roteiro com as atividades consideradas mais importantes para esta fase.

Como mencionado antes, a fase de execução poderá ocorrer por meio de vários encontros – processo cíclico, até que o acordo seja celebrado. Pode acontecer que as partes decidam não estabelecer qualquer acordo. Nesse caso, a negociação é interrompida ou encerrada.

Terceira fase – CONTROLE/VERIFICAÇÃO ("Check" – C)

A fase de controle se inicia após o fechamento do acordo e abrange as atividades finais da negociação.

Após o processo de propostas e contrapropostas da negociação (processo cíclico), e o acordo tiver sido fechado, é na fase de controle que a implantação do que foi combinado é verificada. Ou seja, é nesta fase que se checa se o acordo estabelecido está sendo cumprido pela outra parte.

As atividades desta fase são:

1. Verificação do cumprimento do acordo.
2. Averiguação da existência de desvios em relação ao que foi combinado.
3. Análise comparativa dos resultados previstos *versus* realizados.
4. Autoavaliação, pelo negociador, de sua performance ao longo de todo o processo.

É de fundamental importância, nesta etapa, que tudo seja acompanhado por meio de um *checklist* a fim de evitar esquecimentos e/ou pendências que atrapalhem o cumprimento do acordo.

Quarta fase – AÇÃO DE AJUSTE ("Act" – A)

Nesta fase, ação significa estabelecer o que precisa ser ajustado/adaptado e corrigido para que o acordo seja integralmente cumprido.

Se os resultados esperados com a negociação não forem alcançados, pode ser necessário voltar à mesa de negociação para renegociar o acordo. Nesse caso, o conceito do ciclo PDCA é aplicado e o processo da negociação como um todo se reinicia.

As etapas são:

1. Verificação se há a necessidade de revisão do acordo.
2. Identificação de eventuais ações corretivas necessárias.
3. Correção dos desvios.
4. Verificação se há necessidade de renegociação (repetição do ciclo PDCA, partindo-se do replanejamento).

5. Resultados reais: a eficácia SMARTDRIVE

A fim de verificar a eficácia da metodologia SMARTDRIVE de negociação com a incorporação de técnicas de neurociência e neuromarketing (*neurotáticas*), foi realizada pesquisa com aplicação de exercícios (simulações) para grupos de controle e grupos de intervenção. Os exercícios abrangeram a comercialização de produtos e serviços.

Nesse experimento, o grupo de controle foi formado por pessoas que só possuíam conhecimento básico sobre negociação. Já o grupo de intervenção foi constituído por pessoas que, além dos conhecimentos básicos, aprenderam as *neurotáticas* e a metodologia SMARTDRIVE. Com isso, foi possível comparar os resultados, testar se houve mudança em termos de resultados e qual a magnitude da mudança.

No total, 521 indivíduos participaram do experimento formal. Os participantes eram profissionais brasileiros, oriundos de diversas cidades do país, de diferentes idades, gêneros, nível educacional e tempo de experiência profissional (medida em anos), participantes de treinamentos corporativos, treinamentos abertos (oferecidos ao público em geral) e alunos de MBA de renomada instituição de ensino (Fundação Getúlio Vargas), bem como negociadores em negociações reais, ocorridas em vários municípios brasileiros. Os participantes desempenhavam atividades de marketing, publicidade, administração de empresas, marketing digital, vendas, compras e gestão de recursos humanos. Muitos possuíam cargos de diretores, gerentes, coordenadores, analistas, gerentes de conta e representantes comerciais. Em cada evento, os indivíduos foram divididos e alocados aleatoriamente para o grupo intervenção ou grupo controle.

Os resultados de testes e procedimentos indicaram a eficácia da metodologia, com uma diferença estatisticamente significativa para o alcance de objetivos (fechar o acordo) e uma tendência para melhor atingimento de metas por aqueles que utilizaram a metodologia com as *neurotáticas* (19,7%), em comparação com o grupo de participantes que não utilizaram.

Os resultados confirmam a hipótese de que a aplicação das técnicas de neurociência e do neuromarketing – selecionadas por mim e aqui chamadas de *neurotáticas* – é adequada para processos da negociação e melhora os resultados obtidos por negociadores.

Conclusões

Nos dias atuais, saber negociar bem é um requisito para o êxito, seja nas relações pessoais – com pais, filhos, cônjuge, amigos e colegas – seja nos relacionamentos profissionais – com chefe, subordinado, par, cliente e fornecedor.

A competitividade do mercado e a pressão por resultados vêm exigindo desempenho crescente dos profissionais que atuam na área comercial, vendedores, representantes, consultores, corretores, entre outros. Esses profissionais, especialmente no Brasil, buscam se capacitar para alcançar os resultados, mas de certa forma ainda se baseiam muito em sua habilidade de improvisação sem necessariamente adquirir as técnicas, desenvolver sua competência interpessoal ou contar com um roteiro organizado que os leve a alcançar os objetivos estabelecidos.

Vários conceitos e teorias existem a respeito desse tema, especialmente no que tange às técnicas e táticas – competência técnica. Mas, em geral, são apresentados de forma solta, e não como parte de um processo estruturado, o que dificulta sua utilização.

Além disso, as técnicas que vêm sendo empregadas são praticamente as mesmas ou similares há algumas décadas, com exceção da grande contribuição feita pelo "Projeto de Negociação de Harvard". Este adicionou um método em que o negociador não precisa adotar uma postura áspera, nem um estilo afável, mas uma mistura dos dois, com o emprego do método chamado de Negociação Baseada em Princípios. Nesse método, ambas as partes buscam um resultado que seja mutuamente satisfatório, por intermédio de uma forma madura de condução da negociação e da busca por manter estáveis as relações, enquanto conseguem, com o uso da criatividade, fazer o "bolo crescer".

Contudo, por ser muito divulgado, ensinado e incentivado pela maioria das escolas de negociação no mundo, esse modelo, muitas vezes, não parece trazer os resultados esperados, sobretudo quando uma das partes assume a estratégia de "obter uma fatia maior do bolo" (chamada tecnicamente de "conquistar valor") de maneira contundente, enquanto a outra permanece agindo com o propósito de "crescer o bolo" (ou "criar valor"). O mesmo se dá quando os interesses de uma ou de ambas as partes, que são a base do método de ganhos mútuos, não são claros ou são fluidos, trazendo elevado grau de incerteza para a negociação. Essas situações estimulam as equipes comerciais a procurar novas técnicas e táticas para melhorar seu desempenho.

Muito também foi escrito com relação à parte da competência interpessoal, habilidade essencial durante o encontro para a negociação em si, quando a interação entre as partes acontece. Uma atenção foi dada também à maneira como as partes se comunicam e se relacionam quando sentadas à mesa de negociação, e como isso pode contribuir ou prejudicar o resultado final.

Entretanto, pouco foco é dado ao processo da negociação, que auxilia os negociadores a compreender que as negociações acontecem como uma sequência de eventos desde sua fase inicial de planejamento, passando pela execução, até a fase final de acompanhamento e controle, e que em cada fase existem várias etapas, cada uma com diversas atividades a serem executadas. Um dos autores brasileiros que mais contribuiu para a estruturação de um roteiro foi o professor Eugênio do Carvalhal, que desenvolveu um trabalho voltado para fortalecer o processo da negociação.

Este livro teve como objetivos principais exatamente contribuir para as questões indicadas anteriormente, por meio da proposição de uma metodologia de negociação que seja prática, simples e assertiva, e que abranja as melhores técnicas existentes – **metodologia SMARTDRIVE** – e trazer novidades, por intermédio de novas técnicas e táticas baseadas nas descobertas da Neurociência e do Neuromarketing, e outros estudos sobre a mente humana, **as *neurotáticas***, que tragam resultados muito superiores do que os alcançados pelas técnicas tradicionais.

Também realizei a análise quantitativa no sentido de testar se a metodologia e as neurotáticas propostas realmente melhoraram os resultados obtidos com as técnicas tradicionais. A análise feita para avaliação dos resultados trouxe conclusões muito relevantes. Dentre estas, destacam-se que a idade, o gênero, o nível de instrução (superior ou pós-graduação) e o tempo de experiência não afetam os resultados obtidos com a aplicação da metodologia SMARTDRIVE.

A pesquisa apontou que, ao utilizar a metodologia com as *neurotáticas*, os negociadores melhoraram seus resultados em torno de 20%. O mesmo ocorreu em relação ao alcance do objetivo de chegar a um acordo satisfatório. Os negociadores que empregaram a metodologia com as *neurotáticas* conseguiram mais do que dobrar a quantidade de vezes que fecharam um acordo satisfatório.

Em termos práticos, a pesquisa quantitativa contribuiu para confirmar que o uso da metodologia SMARTDRIVE com as *neurotáticas* aumenta significativamente a eficácia do negociador.

Referências bibliográficas

[1] ARIELY, Dan. **Predictably Irrational.** New York: Harper, 2009.

[2] BERLEW, David; MOORE, Alex; HARRISON, Roger. **The Positive Negotiation Program.** Maryland: Situation Management Systems, 1984.

[3] BITTENCOURT, Francisco R. **Refletindo sobre uma negociação eficaz.** 2006. Disponível em: <http://www.franciscobittencourt.com.br/artigos/artigo06_0506.html>. Acesso em: 13 jun. 2017.

[4] BOLTON, Robert; BOLTON, Dorothy G. **People Styles at Work and Beyond:** making bad relationships good and good relationships better. Kindle edition. New York: AMACOM, 2009.

[5] CAMARGO, Pedro Celso Julião de. **Neuromarketing:** a nova pesquisa de comportamento do consumidor. São Paulo: Atlas, 2013.

[6] CARVALHAL, Eugenio do et al. **Negociação e Administração de Conflitos.** Rio de Janeiro: FGV, 2007.

[7] CARVALHAL, Eugenio do et al. **Negociação:** fortalecendo o processo: como construir relações de longo prazo. Rio de Janeiro: Vision, 2001.

[8] CHERVET, Shelle R. **Words That Change Minds:** mastering the language of influence. Dubuke: Kendal/Hunt Publishing Company, 2010.

[9] CIALDINI, Robert B. **Influence:** the psychology of persuasion. New York: Harper Collins, 2007.

[10] COHEN, Herb. **Você pode negociar qualquer coisa.** Rio de Janeiro: Record, 1996.

[11] DIAMOND, Stuart. **Consiga o que você quer.** Rio de Janeiro: Sextante, 2012.

[12] DOOLEY, Roger. **Brainfluence:** 100 ways to persuade and convince consumers with neuromarketing. New Jersey: John Wiley & Sons, 2012.

[13] FISHER, R.; URY, William; PATTON, B. **Como chegar ao SIM**. 3. ed. Rio de Janeiro: Solomon, 2014.

[14] GOLEMAN, Daniel. **Inteligência Emocional:** a teoria que redefine o que é ser inteligente. Rio de Janeiro: Objetiva, 1995.

[15] HALL, Michael L.; BODENHAMER, Bobby G. **Figuring out People:** reading people using meta-programs. Clifton: Neuro-Semantic Publications, 2013.

[16] HEIDI, Haskell. **7 Ways to Engage Your Customer's Reptilian Brain.** Disponível em: <http://neurosciencemarketing.com/blog/articles/reptilian-brain-2.htm>. Acesso em: 13 jun. 2017.

[17] HERRMANN, Ned; HERRMANN-Nehdi, Ann. **The Whole Brain Business Book:** unlocking the power of whole brain thinking in organizations, teams, and individuals. 2nd. ed. Columbus: McGraw-Hill Education, 2015.

[18] INÁCIO, Sandra Regina da Luz. **Neurobranding:** manual de como vender através da emoção. Kindle edition, 2012.

[19] KAHNEMAN, Daniel. **Rápido e devagar:** duas formas de pensar. Rio de Janeiro: Objetiva, 2012.

[20] KARRASS, Chester. **In business as in life you don't get what you deserve, you get what you negotiate.** Red Wood City: Stanford St. Press, 2013.

[21] LEE, Nick; BRODERICK, Amanda J.; CHAMBERLAIN, Laura. What is neuromarketing? A discussion and agenda for future research. **International Journal of Psychopshysiology**, 2007, Aston University, UK.

[22] LINDSTROM, Martin. **Brandwashed:** o lado oculto do marketing. São Paulo: HSM, 2013.

[23] LOPES, Sonia; STOECKICHT, Ingrid. **Negociação.** (Série FGV Management). Rio de Janeiro: FGV, 2009.

[24] MICHELLI, Dena. **Assertividade em 1 semana.** São Paulo: Figuratti, 2015.

[25] MLODINOW, Leonard. **Subliminar:** como o inconsciente influencia as nossas vidas. Rio de Janeiro: Zahar, 2012.

[26] MOTLEY, Arthur H. **It is time to sell again.** University of Iowa, Digital Library, Special Department Collection. 1952. Disponível em: <http://digital.lib.uiowa.edu/cdm/ref/collection/tc/id/2116>. Acesso em: 13 jun. 2017.

[27] PERRACHIONE, Tyler K.; PERRACHIONE, Jonh R. Brains and Brands: Developing mutually informative research in neuroscience and marketing. **Journal of consumer behavior**, vol. 7, 2008, p. 303-318.

[28] PERUZZO, Marcelo. **As três mentes do Neuromarketing.** Almirante Tamandaré: IP2 Marketing de Resultado, 2013.

[29] ROBBINS, Anthony. **Mastering Influence:** a 10-day system for strengthening your emotional impact and increasing your sales. Audiobook. 1 CD-ROM. San Diego: Robbins Research International, Inc., 2015.

[30] SHIMP, Terence A. **Propaganda e Promoção:** aspectos complementares da comunicação integrada de marketing. Porto Alegre: Bookman, 2002.

[31] SUBRAMANIAN, Guhan. **Negotiauctions.** New York: W. W. Norton & Company, 2010.

[32] SUBRAMANIAN, Guhan. **Setting the stage for productive negotiations.** The Program on Negotiation for Senior Executives Notebook. Harvard Law School. Cambridge: Program on Negotiation, Harvard Law School. 2011.

[33] SULLIVAN, Wendy; REES, Judy. **Clean Language:** revealing metaphors and opening minds. Bancyfelin, UK: Crown House Publishing, 2008.

[34] WANDERLEY, José Augusto. **Negociação total.** São Paulo: Gente, 2004.

[35] WHEELER, Michael. **A arte da negociação:** como improvisar acordos em um mundo caótico. São Paulo: LeYa, 2014.

[36] ZALTMAN, Gerald. **How Customers Think:** essential insights into the mind of the markets. Boston: Harvard Business Press, 2003.

Acompanhe a BRASPORT nas redes sociais e receba regularmente informações sobre atualizações, promoções e lançamentos.

 @Brasport

 /brasporteditora

 /editorabrasport

 editorabrasport.blogspot.com

 /editoraBrasport

Sua sugestão será bem-vinda!

Envie mensagem para **marketing@brasport.com.br** informando se deseja receber nossas newsletters através do seu e-mail.